CB139462

CADERNOS DE PROCESSO DO TRABALHO

N. 41

AÇÃO RESCISÓRIA

TERCEIRA PARTE

De acordo com a Lei n. 13.467/2017 (Reforma Trabalhista)

Dedico este Caderno

ao Armando Casimiro Costa Filho, *in memoriam*.

Manoel Antonio Teixeira Filho

Advogado — Juiz aposentado do TRT da 9.ª Região – Fundador da Escola da Associação dos Magistrados do Trabalho do Paraná — Professor Emérito do Centro Universitário de Curitiba-Unicuritiba – Professor na Escola da Magistratura do Trabalho do Paraná — Membro do Instituto Latinoamericano de Derecho del Trabajo y de la Seguridad Social — do Instituto de Direito Social do Brasil — da Société Internationale de Droit du Travail et de la Sécurité Sociale — do Instituto dos Advogados do Paraná — da Academia Nacional de Direito do Trabalho – da Academia Paranaense de Letras Jurídicas – do Instituto dos Advogados de São Paulo.

CADERNOS DE PROCESSO DO TRABALHO

N. 41

AÇÃO RESCISÓRIA

TERCEIRA PARTE

De acordo com a Lei n. 13.467/2017 (Reforma Trabalhista)

LTr®

LTr Editora Ltda

Rua Jaguaribe, 571
CEP 01224-003
São Paulo, SP — Brasil
Fone (11) 2167-1101
www.ltr.com.br
Dezembro, 2021

Produção Gráfica e Editoração Eletrônica: PIETRA DIAGRAMAÇÃO
Projeto de capa: DANILO REBELLO
Impressão: META BRASIL

Versão impressa— LTr 6041.6 — ISBN 978-65-5883-111-2
Versão digital— LTr 9829.9 — ISBN 978-65-5883-121-1

Dados Internacionais de Catalogação na Publicação (CIP)

(Câmara Brasileira do Livro, SP, Brasil)

Teixeira Filho, Manoel Antonio

Cadernos de processo do trabalho, n. 41: ação rescisória: terceira parte/ Manoel Antonio Teixeira Filho. – São Paulo: LTr, 2021. "De acordo com a Lei n. 13.467/2017 (reforma trabalhista)"

Bibliografia.

ISBN 978-65-5883-111-2

1. Ação rescisória – Brasil 2. Direito processual do trabalho 3. Direito processual do trabalho – Brasil I. Título.

21-86395 CDU-347.9:331(81)

Índice para catálogo sistemático:

1. Brasil: Direito processual do trabalho 347.9:331(81)

Cibele Maria Dias – Bibliotecária – CRB-8/9427

SUMÁRIO

CAPÍTULO XIV

CAUSAS DE RESCINDIBILIDADE (CONTINUAÇÃO)

3. Dolo ou colusão (CPC, art. 966, III)

Os textos do passado nada dispunham acerca do dolo e da colusão, como causas de rescindibilidade dos julgados.

Nem mesmo o CPC de 1939 se ocupou desses vícios dos pronunciamentos da jurisdição.

A inclusão do dolo e da colusão no rol das causas de rescindibilidade dos pronunciamentos jurisdicionais constitui, pois, expressiva inovação do CPC de 1973, que foi preservada pelo CPC de 2015 (art. 966, III).

3.1. Dolo

Derivante do latim *dolus* (artifício, esperteza, velhacada), o termo dolo indica, na terminologia jurídica, toda sorte de ardil, de artifício, de manha, de maquinação, que uma pessoa coloca em prática com o escopo de induzir outrem à realização de um ato jurídico, em detrimento deste e em benefício daquela ou de terceiro.

No plano específico do processo, o dolo consiste no emprego de meios astuciosos ou ardilosos, por um dos litigantes, atentatórios ao dever de lealdade e boa-fé, com o objetivo de impedir ou de dificultar a atuação do adversário. Como diz Emilio Betti, "Em particular, o comportamento contrário à boa-fé deve ter colocado o adversário na impossibilidade de defender-se e impedido o juiz de conhecer a realidade das coisas, de maneira a determinar uma decisão fundamentalmente diversa daquela que presumivelmente se teria conseguido sem o mesmo comportamento"(1).

O dolo processual se manifesta sob as mais diversificadas formas: impedir que a parte contrária tenha ciência da ação ajuizada, ou seja, intimada de algum

---

(1) *Rivista di Diritto Processuale Civile*. vol. II, parte II, 1925, pág. 332.

despacho; frustrar a produção de provas, como demolir o prédio em que o autor trabalhava, com o propósito de tornar impraticável (CPC, art. 464, III) o exame pericial destinado a apurar a existência de insalubridade naquele local; rasurar documentos; subtrair peças dos autos etc. Seria, enfim, de extrema ousadia pretender enumerar todos os atos dolosos que podem ser praticados no processo. O importante a ser realçado é que, em nome do conteúdo ético do processo como método estatal de solução dos conflitos de interesses, as partes estão fortemente atreladas ao dever de lealdade e boa-fé. A propósito, o art. 80, do CPC, menciona alguns casos que configuram a litigância de má-fé.

No caso de sentença homologatória de acordo, não cabe ação rescisória fundada no inciso III, do art. 966, do CPC (dolo da parte vencedora em detrimento da vencida), por uma razão jurídica elementar: o acordo, ou transação, traduz um negócio jurídico bilateral, uma forma de solução consensual e privada da lide, e não uma solução jurisdicional, esta, em regra, impositiva. Na transação, portanto, não há vencedor, nem vencido. A sentença homologatória, aí lançada, se limita a chancelar a manifestação de vontade das partes e se justifica pela necessidade de dotar-se o credor de um título executivo, caso a obrigação não seja adimplida (CPC, art. 515). No mesmo sentido está a Súmula n. 403, do TST: "AÇÃO RESCISÓRIA. DOLO DA PARTE VENCEDORA EM DETRIMENTO DA VENCIDA. ART. 485, III, DO CPC (conversão das Orientações Jurisprudenciais n.s 111 e 125 da SBDI-2) - Res. 137/2005, DJ 22, 23 e 24.08.2005. I - Não caracteriza dolo processual, previsto no art. 485, III, do CPC, o simples fato de a parte vencedora haver silenciado a respeito de fatos contrários a ela, porque o procedimento, por si só, não constitui ardil do qual resulte cerceamento de defesa e, em consequência, desvie o juiz de uma sentença não-condizente com a verdade. (ex-OJ n. 125 da SBDI-2 - DJ 09.12.2003). II - Se a decisão rescindenda é homologatória de acordo, não há parte vencedora ou vencida, razão pela qual não é possível a sua desconstituição calcada no inciso III do art. 485 do CPC (dolo da parte vencedora em detrimento da vencida), pois constitui fundamento de rescindibilidade que supõe solução jurisdicional para a lide. (ex-OJ n. 111 da SBDI-2 - DJ 29.04.2003)".

O simples ato doloso da parte não é, porém, bastante para ensejar o uso da rescisória: impõe-se que esse ato haja sido praticado em detrimento da parte vencida. Certo setor da doutrina tem entendido que esse prejuízo se caracteriza pelo fato de dificultar ou de impedir a defesa do adversário[2]. Não pensamos

---

(2) Está, e.g., em Nicola Giudiciandrea: "mas é necessário um artifício, um engano ou qualquer que seja expediente ilícito, todavia dissimulado, que haja paralisado ou desviado a defesa adversária, impedindo assim ao juiz de declarar a verdade" (*La Impugnazioni Civile*, Milão: Giuffrè, 1952. vol. II. p. 407). Reconhecemos, no entanto, que se a parte vencedora houvesse, mediante fraude, feito ao juiz supor que o adversário fora citado para a ação em que foi proferida a sentença rescindenda, esse seu ato doloso teria, neste caso, impedido o réu de formular a sua defesa — ou, para utilizarmos a linguagem do atual CPC, de apresentar a sua resposta (art. 297).

assim. A nosso ver, a rescisória será viável sempre que o ato doloso impedir ou embaraçar a atuação processual do litigante contrário, e, com isso, agir eficazmente na formação do convencimento jurídico do juiz, de maneira a fazer com que ele emita um pronunciamento oposto ao que proferiria, caso não estivesse sob a influência do ato doloso.

Não é, portanto, qualquer ato doloso que desafia o uso da rescisória, e, sim, aquele que acarreta prejuízo processual ao adversário — prejuízo que se materializa com a emissão de sentença contrária aos interesses da parte contra a qual o dolo se dirigiu. Se o ato for efetivamente doloso, mas, apesar disso, a sentença não vier em detrimento do direito ou dos interesses da parte inocente, a consequência desse dolo, para o processo, será nenhuma, até porque não há nulidade sem prejuízo. Escorreita, por esse motivo, a lição de Attardi, no sentido de que o dolo da parte não pode consistir em um fato juridicamente ineficaz para determinar, por si só, o resultado do julgamento, como seria o caso de uma propositada falsidade de alegação; ele não pode se resumir à mera alegação, devendo exteriorizar-se, por isso, sob a forma de comportamento do litigante: "um comportamento tal a conduzir o juiz em engano sobre a real situação substancial, e isso através de um engano. A parte ou o juiz não podem dizer-se enganados pela simples afirmação falsa, diante da qual não é nem mesmo necessária uma atividade de contestação (dado que a parte é tutelada pela obrigação do juiz de fundamentar a decisão sobre as provas propostas [...] e é livre na escolha e no desdobramento de seus meios de defesa")[(3)]. Acrescenta o renomado jurista, que, em razão disso, somente se poderá falar de dolo quando, em decorrência do engano tecido, a atividade de defesa seja diminuída ou paralisada[(4)].

Ainda segundo Attardi, o elemento subjetivo do dolo processual reside no estado psicológico representado pela voluntariedade do engano e pela intenção de provocá-lo[(5)].

Como observa Antonio Butera, salvo se houver confissão da parte vencedora, será impossível, em termos gerais, produzir prova direta e imediata sobre o elemento subjetivo do dolo (a intencionalidade), pois somente por intermédio de elementos exteriores será possível demonstrar a sua existência[(6)].

A preocupação de evitar que o assunto *sub examen* não venha a ser convenientemente entendido nos leva a iterar que o dolo, para ensejar o manejo da ação rescisória, deve estar diretamente ligado ao resultado do julgamento: este deve ser favorável à parte que praticou semelhante velhacada.

---

(3) *La Rivocazione*. Pádua: Cedam, 1959. p. 124.

(4) *Idem, ibidem*.

(5) *Idem*, pág. 119.

(6) *La Rivocazione delle Sentenze Civile*. Torino: Ed. Torinense, 1936. p. 47.

Com vistas a esse registro ilativo, algumas situações pertinentes devem ser enunciadas:

a) se houve dolo, mas a sentença foi desfavorável à parte que praticou tal ato, não se há que pensar em rescisória, pois inexistiu prejuízo para o adversário;

b) não será admissível a rescisória se, a despeito da ocorrência de dolo em detrimento da parte vencida, a sentença não houver invocado o ato viciado como razão de decidir, de tal forma que eventual eliminação desse ato não influiria (= não modificaria) no resultado do julgamento. É o que se poderia chamar de dolo ineficaz.

Podemos dizer que o ajuizamento da rescisória se subordina à presença de uma íntima relação de causa e efeito entre o ato doloso e a sentença favorável aos interesses de quem praticou o ato.

Ao utilizar a expressão "em detrimento da parte vencida", o Código (art. 485, III) afasta a possibilidade de a rescisória fundar-se em ato doloso para cuja prática concorreram ambas as partes ou em ato dessa natureza que embora tenha sido realizado pela parte vencedora, teve a anuência da vencida. Ao permitir o uso da rescisória calcada em ato doloso, o Código teve como objetivo proteger o vencido dos ardis ou maquinações engendradas pelo vencedor, razão por que quando aquele houver dado, direta ou indiretamente, causa ao ato viciado, o exercício de uma pretensão rescisória não lhe será concedido, pois foi deturpada a intenção e a finalidade da lei.

Por outro lado, ao referir-se à "parte vencedora", o Código não desejou atribuir a essa locução o sentido restritivo que a sua expressão literal parece sugerir, donde decorre a possibilidade de ajuizamento da rescisória mesmo quando o comportamento dolosamente lesivo tenha sido não da parte, e, sim, de seu advogado ou de seu preposto, conforme seja a hipótese. O que se deve levar em conta é o fato que essa conduta influiu no resultado do julgamento, que se revelou favorável ao praticante do ato enganoso; logo, desfavorável ao adversário.

Situação verdadeiramente insólita — mas não impossível — será aquela em que a sentença for produto de atos dolosos individualmente praticados pelos litigantes: autor e réu são vencedores respectivos pontos influenciados por suas condutas dolosas. Nesse caso, ambos possuem interesse em aforar a rescisória, sendo insensato imaginar que um dolo neutralizaria o outro: compensar-se-iam para o efeito de manter inalterado o resultado do julgamento. A autonomia ontológica de um e outro faz com que não se comuniquem, não se confundam: mantêm-se independentes e dotados de aptidão para fundamentarem, cada um por si, as ações rescisórias que terão em mira os pontos da sentença por eles afetados. Essa mesma autonomia pode fazer com que somente uma das partes se valha da rescisória, permanecendo a outra em estado de incúria quanto à promoção da defesa de seus direitos e interesses. Essa poderia, aliás, estar satisfeita com o conteúdo favorável do pronunciamento jurisdicional, vindo, contudo, a dar-se conta, ao ser citada para a rescisória, de que essa satisfação poderá ser efêmera e, em virtude disso, ingressar também com a rescisória para colocar o adversário em idêntico estado de sobressalto.

3.2. Colusão

Do latim *collusio*, a palavra colusão é indicativa do conluio, do acordo fraudulento realizado em prejuízo de terceiro. Não é diversa a sua acepção no campo processual, em que designa a fraude praticada pelas partes, seja com a finalidade de causar prejuízos a outrem, seja para frustrar a aplicação da norma legal.

O inc. III, do art. 966, do CPC cogita da "colusão entre as partes, a fim de fraudar a lei" (*consilium fraudis*). Como deixamos escrito anteriormente, trata-se de inovação trazida pelo CPC de 1973, porquanto dela não se ocuparam os textos do passado. Pontes de Miranda conceitua essa colusão como "o acordo, ou concordância, entre as partes, para que, com o processo, se consiga o que a lei não lhe permitiria, ou não permitia o que tem por base simulação, ou outro ato de fraude à lei"[7].

Para Carnelutti, a simulação processual fraudulenta não se confunde com processo fraudulento. Configura-se aquela com o ato de um dos litigantes, em conluio com o adversário, consistente em simular uma ação em face do outro, com o propósito de obter uma sentença que, mais tarde, possa ser oposta a terceiro, cujo direito foi afetado por ela; já no processo fraudulento não há simulação, apenas conluiando-se as partes para fazer crer a existência de vício na relação jurídica material entre elas estabelecida e, com isso, tirarem proveito desse arranjo[8].

Como bem se expressou Carlo Calvosa, no processo simulado os litigantes se dispõem a conseguir um duplo efeito: um, "aparente, que deverá operar somente em confronto de terceiros"[9] e outro, verdadeiro e encoberto, que deverá atuar nas relações entre eles; no processo em fraude, ao reverso, "os efeitos do processo devem produzir-se, segundo o intento das partes, seja no próprio confronto, seja respeitante aos terceiros"[10].

Sob o ponto de vista estrito da ação rescisória, o que se considera é o fato de a colusão haver sido entretecida com a finalidade de fraudar a lei, pouco importando que se trate de simulação processual ou de processo fraudulento. Daí se

---

(7) Ob. cit., ps. 237/238.

(8) "Nuove Riflessioni sulla Sentença Fraudolenta", in *Rivista di Diritto Processuale*, vol. V, parte II, 1950, p. 120.

(9) "Riflessioni sulla fraude alla lege nel processo", in *Rivista di Diritto Processuale*, vol. IV, parte I, 1949, p. 84.

(10) *Idem, ibidem*.

conclui que embora possa ter havido, em determinado caso, simulação, mesmo assim não caberá a rescisória se disso não sobreveio fraude à norma legal.

A preocupação do CPC em combater atos escusos praticados no processo está manifestada no art. 142, que estabelece: "Convencendo-se, pelas circunstâncias da causa, de que autor e réu se serviram do processo para praticar ato simulado ou conseguir fim proibido por lei, o juiz proferirá sentença que impeça os objetivos das partes, aplicando, de ofício, as penalidades da litigância de má-fé. Essa sentença se destina não só a preservar o conteúdo ético do processo, como a salvaguardar a incolumidade da lei, posta em risco pela atitude reprochável dos contendores. O ato da jurisdição, que dá cobro a esse objetivo das partes, é efetivamente sentença, porquanto dotado de aptidão para extinguir o processo" (CPC, art. 203, § 1º).

Na hipótese de a sentença decorrer de colusão entre as partes, que haja sido realizada em fraude à lei, terão interesse e legitimidade para ingressar com a ação rescisória o terceiro e o Ministério Público (CPC, art. 967, II e III), exigindo-se que o interesse daquele seja jurídico e não meramente econômico.

Para que seja possível, portanto, o aforamento da rescisória com fulcro no inc. III, segunda parte, do art. 966, do CPC, é indispensável que: a) a colusão tenha sido realizada pelas partes (aqui compreendidos, igualmente, os seus advogados, prepostos ou representantes legais); b) o pronunciamento jurisdicional reflita a influência nele exercida pela colusão; c) esta haja sido posta em prática com o objetivo de fraudar a lei.

a) De efeito, a colusão é ato de autoria exclusiva dos litigantes, assim entendidos todos aqueles que se encontram situados em ambos os polos (ativo e passivo) da relação jurídica processual, equiparando-se, para esse efeito, as demais pessoas que tenham participação no processo em nome deles, como os seus advogados, representantes legais ou prepostos.

Nas causas em que o Ministério Público tenha intervindo, por força de disposição legal (CPC, arts. 177 e 178), será passível de rescisão a sentença que se originar de colusão da qual haja participado o órgão daquele, que, sob este aspecto, é assemelhado à parte. O órgão do Ministério Público será, aliás, civilmente responsável toda vez que, no exercício de suas funções, agir com dolo ou fraude, como declara o art. 181 do CPC.

Desnecessário será, por outro lado, investigar se apenas um dos contendores se beneficiou com o ato de fraudar a lei, em decorrência de colusão de que tenha participado: o que importa, fundamentalmente, é o fato concreto de a colusão haver frustrado a aplicação da lei.

b) O nexo de causalidade entre a colusão e a sentença que a espelha é também imprescindível para autorizar o uso da rescisória. Se colusão houve, mas sem nenhuma influência na sentença, desimagine-se a rescisória, pois a relação causal estará ausente.

Esse nexo entre o ato colusivo e o provimento jurisdicional está patenteado no verbo *resultar,* utilizado pelo legislador ao redigir o inc. III do art. 966 do CPC (resultar, a sentença, de colusão entre as partes).

c) A colusão deve, ainda, estar subordinada ao propósito de fraudar a lei.

E irrelevante, para esse fim, saber se a colusão é expressa ou tácita, ou se foi urdida antes ou depois do ingresso em juízo. É de presumir-se que, no geral, ela não se manifeste sob a forma expressa, circunstância que dificulta, sobremaneira, a prova, em juízo, de sua existência: haverão de atuar, amplamente, nessa hipótese, os indícios e as presunções. De igual modo, na maioria dos casos em que pôde ser constatada, a colusão antecedeu ao processo em que se instalou: este, na verdade, esteve a serviço daquela. Nada impede, porém, que em situações excepcionais, o ato colusivo seja praticado ou idealizado quando o processo já se encontrava em curso.

A medida — inarredável medida — de tudo será sempre o fato de a colusão haver obtido êxito em seu escopo de fraudar a lei; aberta estará, então, a via para o exercício da correspondente pretensão rescisória pelo interessado.

Uma indagação se impõe: se o juiz (alertado, talvez, pelo órgão do Ministério Público) convencer-se de que as partes não se valeram do processo para realizar ato simulado ou conseguir fim defeso por lei (CPC, art. 142, *a contrario sensu*) e, com isso, proferir a sentença de mérito, tal particularidade vedará o uso da rescisória fundada no inc. III, segunda parte, do art. 966 do CPC?

De modo algum.

Não nos deslembremos que a ação rescisória instaura uma nova relação jurídica processual, que embora se ligue (como pressuposto lógico) àquela que se estabeleceu no processo em que foi emitida a sentença rescindenda, a ela não se subjuga; fazê-lo, seria negar a sua própria razão de ser, seria ignorar a eficácia desconstitutiva, que lhe constitui atributo essencial.

Estamos a sustentar, pois, que a despeito de a sentença rescindenda haver dito que autor e réu não fizeram uso do processo, visando a praticar ato simulado ou a alcançar fim proibido por lei, isso não inibirá o tribunal de cortar rente a sentença, em sede de rescisória, convencido que esteja de que houve colusão tendente a fraudar a norma legal.

Citemos, como exemplo de ato colusivo que poderia ser colocado em prática no processo do trabalho, o simularem autor e réu, a existência de um contrato de trabalho (pedem, exatamente, que o provimento jurisdicional a reconheça), com a velada finalidade de se beneficiarem, digamos, perante o órgão da previdência social (aposentadoria do autor) ou de acarretarem prejuízos aos interesses legítimos de terceiro, como se daria, v.g., na hipótese de o réu ser massa falida e os créditos do autor, oriundos de um suposto contrato de trabalho, absorverem todas as forças da massa, em virtude do superprivilégio legal que ostentam, em face dos créditos de outra natureza.

Mencionemos, também, a simulada ruptura do contrato de trabalho, pelo empregador, sem justa causa, com o objetivo de permitir que o empregado saque os valores depositados em sua conta relativa ao FGTS.

Merece ser referida, nesta quadra de nossa exposição, a Orientação Jurisprudencial n. 94, da SDI-II, do TST, assim redigida: "Ação rescisória. Colusão. Fraude à lei. Reclamatória simulada extinta. A decisão ou acordo judicial subjacente à reclamação trabalhista, cuja tramitação deixa nítida a simulação do litígio para fraudar a lei e prejudicar terceiros, enseja ação rescisória, com lastro em colusão. No juízo rescisório, o processo simulado deve ser extinto". Em que pese ao fato de a expressão "processo simulado" haver caído no gosto da doutrina e da jurisprudência, parece-nos que ela encerra um ilogismo, pois o processo, em rigor, não é simulado, mas, concreto, real: a simulação é, sim, do conflito de interesses a que o processo se destina a solucionar.

O exemplário, enfim, de atos colusivos das partes, destinados a fraudar a lei, é vasto, inexaurível mesmo. O que se deve ter diante dos olhos é a possibilidade de essa velhacada ser evitada pelo próprio juiz que conheceu do pedido fraudatório (CPC, art. 142) ou ter o seu sucesso desfeito mediante o uso adequado da ação rescisória, baseada no inc. III, do art. 966, do CPC.

4. Ofensa à coisa julgada (CPC, art. 966, IV)

4.1. Comentário

O Regulamento n. 737 não mencionava a ofensa à coisa julgada como causa de rescindibilidade das sentenças.

Já a Consolidação das Leis do Processo Civil, de Ribas, declarava ser manifestamente "nula" a sentença dada contra outra sentença passada em julgado.

O CPC de 1939, mantendo a falsa ideia de "nulidade", falava em "ofensa à coisa julgada" (art. 798, I, b).

O estatuto processual civil de 1973 dizia ser rescindível a sentença (e também o acórdão) de mérito transitada em julgado que houvesse perpetrado **ofensa à coisa julgada**. Essa expressão foi repetida pelo art. 966, V, do CPC de 2015.

Movido pela preocupação de evitar que os conflitos de interesses ocorrentes entre os indivíduos se perpetuassem ou subsistissem por tempo superior ao tolerável e, com isso, pusessem em risco a estabilidade das relações sociais, o legislador concebeu o fenômeno jurídico da coisa julgada material, como qualidade da sentença, e que traz o selo da imutabilidade e da indiscutibilidade das matérias e questões colocadas sob sua autoridade. Nisso repousa o fundamento político da *res iudicata*, conforme procuramos demonstrar em capítulo específico deste livro (XII).

A garantia da coisa julgada, em nosso meio, foi elevada ao nível de princípio constitucional (CF, art. 5º, XXXVI), impedindo-se, com essa providência, a sua violação por norma ordinária, pela vontade das partes ou pelos pronunciamentos jurisdicionais.

Considerando, entretanto, que em alguns casos a própria coisa julgada pudesse vir a abalar o prestígio do ordenamento jurídico ou a respeitabilidade das decisões judiciais, o legislador, precatadamente, instituiu a ação rescisória como o remédio jurídico para desconstituir-lhe, em caráter excepcional, os efeitos.

É de grande proveito exarar que a ação rescisória tem sede na Constituição Federal (na mesma Constituição que ordena o respeito à *res iudicata*), com o que fica arredada qualquer possibilidade de pensar-se em estarem a antagonizar-se com o texto constitucional as disposições do CPC que regulam o exercício dessa ação "desconstitutiva".

A existência de coisa julgada deverá ser objeto preliminar na contestação do réu (CPC, art. 337, VII), e não de exceção, como ocorria no sistema do Código de 1939 (art. 182, II) e no de 1973 (art. 301, VI). Acolhida a preliminar, e extinto o processo (CPC, art. 485, V), ficará afastado o perigo de ofensa à *res iudicata*.

O que diferencia a preliminar (objeção) de coisa julgada da alegação de sua existência feita na ação rescisória, é que, lá, a ofensa a ela é virtual, ao passo que aqui é consumada. De qualquer forma, não se suponha que o uso da rescisória somente será viável quando a sentença rescindenda estiver em contraste com a coisa julgada; em que pese ao fato de essa suposição encontrar na referência efetuada pelo art. 966, IV, do CPC à ofensa um ponderável fundamento, elementar regra de lógica formal aponta para a possibilidade de o interessado valer-se dessa ação para desconstituir a segunda sentença, ainda que esta se encontre em perfeita harmonia com a primeira, à qual se sobrepôs.

Digamos, p. ex., que o autor, tendo obtido sentença favorável às suas pretensões (e já passada em julgado), volte a juízo para, por mero capricho ou espírito de conflitualidade (pouco importa o motivo pelo qual assim aja), formular os mesmos pedidos constantes da ação anterior e que foram acolhidos pelo correspondente provimento jurisdicional: ninguém, por certo, haveria de abalançar-se a dizer que, na espécie, o réu não poderia: a) alegar, na contestação à segunda ação, como preliminar, a existência de coisa julgada (CPC, art. 337, VII); ou b) ingressar com ação rescisória da segunda sentença (havendo esta passado em julgado), apoiado no inc. III, do art. 966, do CPC. Impedi-lo de ajuizar a rescisória seria cometer a injustiça de mantê-lo subserviente a uma dupla condenação por um mesmo fato e, sob outro aspecto, prestar homenagem a uma ignominiosa atitude de má-fé, por parte do seu adversário.

Teria o réu, portanto, indiscutível interesse processual (= ingressar com a ação rescisória), revelando-se desconhecedores do verdadeiro sentido dessa condição da ação todos aqueles que o considerassem carecedor dela.

Indagamos, porém: se a objeção de coisa julgada for rejeitada pelo juiz e a sentença (de mérito) por ele dada passar em julgado, isso obstará a que o então réu ingresse com ação rescisória dessa sentença, insistindo no argumento de que havia coisa julgada constituída anteriormente a ela? Certamente que não. Se já havia *res iudicata* e a sentença rescindenda a ignorou ou a ofendeu, isso representará um motivo a mais para o ajuizamento da rescisória. Não podemos deixar ao largo o fato de que a inexistência de coisa julgada constitui pressuposto (negativo) de validade do processo; havendo coisa julgada, dela o juiz deverá conhecer *ex officio*, como está na linguagem imperativa do § 5º, do art. 337, do CPC, ainda que seja para não reconhecê-la.

A prova da existência de coisa julgada material é eminentemente documental, consubstanciada em cópia da sentença ou do acórdão, que a produziu, ou em certidão expedida pelo órgão competente. Em nenhuma hipótese se admitirá que testemunhas sejam levadas a juízo (juízo delegado: CPC, art. 972) com a finalidade de prestarem declarações quanto à existência ou inexistência de *res iudicata*. Nem mesmo haveria lugar para a produção de prova pericial.

Sendo, como afirmamos, essencialmente documental a prova da presença de coisa julgada no mundo jurídico, temos que ela deverá ser produzida já com a inicial, sob pena de indeferimento dessa peça, porquanto desacompanhada de documento indispensável ao ajuizamento da demanda (CPC, arts. 320 e 330, IV), conquanto o relator deva, antes, assinar prazo de quinze dias para o suprimento da falta (CPC, art. 321).

No caso de rescisória fundada em ofensa à *res iudicata*, o juízo será exclusivamente rescindens, na medida em que eventual atuação do *rescissorium* implicaria inevitável invasão dos domínios da coisa julgada cuja autoridade fora preservada pelo juízo *rescindens*. Efetivamente, quando se ingressa com a rescisória a fim de desfazer a decisão (sentença, acórdão) que está a ofender a coisa julgada (material), é bastante aos interesses do autor que o tribunal desconstitua a decisão rescindenda, pois isso fará com que seja, automaticamente, eliminado o motivo que estava a molestar ou a constringir a autoridade da *res iudicata*. Não se trata do fenômeno a que a doutrina vem denominando de "repristinação", segundo o qual quando se revoga a lei que havia revogado a anterior, a vigência da primeira fica restabelecida. No caso da rescisória, cuida-se apenas de cortar ou de apagar uma sentença que estava a tolher, a empecer os efeitos da anterior, que morta não estava.

É proveitoso mencionarmos, nesta altura, algumas Orientações Jurisprudenciais da SDI-II, do TST, e uma Súmula do mesmo Tribunal

OJ n. 101: "AÇÃO RESCISÓRIA. INCISO IV DO ART. 966 DO CPC DE 2015. ART. 485, IV, DO CPC DE 1973. OFENSA A COISA JULGADA. NECESSIDADE DE FIXAÇÃO DE TESE NA DECISÃO RESCINDENDA (atualizada em decorrência do CPC de 2015) – Res. 208/2016, DEJT divulgado em 22, 25 e 26.04.2016 Para viabilizar a desconstituição do julgado pela causa de rescindibilidade do inciso IV, do art. 966 do CPC de 2015 (inciso IV do art. 485 do CPC de 1973), é necessário que a decisão rescindenda tenha enfrentado as questões ventiladas na ação rescisória, sob pena de inviabilizar o cotejo com o título executivo judicial tido por desrespeitado, de modo a se poder concluir pela ofensa à coisa julgada".

O que a OJ em foco está a dizer, em última análise, é que se o tema não foi prequestionado (TST, Súmulas ns. 297 e 298), não se há como admitir a ação rescisória.

OJ n. 123: "AÇÃO RESCISÓRIA. INTERPRETAÇÃO DO SENTIDO E ALCANCE DO TÍTULO EXECUTIVO. INEXISTÊNCIA DE OFENSA À COISA JULGADA **(título alterado) - DJ 22.08.2005.** O acolhimento da ação rescisória calcada em ofensa à coisa julgada supõe dissonância patente entre as decisões exequenda e rescindenda, o que não se verifica quando se faz necessária a interpretação do título executivo judicial para se concluir pela lesão à coisa julgada".

Súmula n. 397: "AÇÃO RESCISÓRIA. ART. 966, IV, DO CPC DE 2015 . ART. 485, IV, DO CPC DE 1973. AÇÃO DE CUMPRIMENTO. OFENSA À COISA JULGADA EMANADA DE SENTENÇA NORMATIVA MODIFICADA EM GRAU DE RECURSO. INVIABILIDADE. CABIMENTO DE MANDADO DE SEGURANÇA. **(atualizada em decorrência do CPC de 2015) – Res. 208/2016, DEJT divulgado em 22, 25 e 26.04.2016**

Não procede ação rescisória calcada em ofensa à coisa julgada perpetrada por decisão proferida em ação de cumprimento, em face de a sentença normativa, na qual se louvava, ter sido modificada em grau de recurso, porque em dissídio coletivo somente se consubstancia coisa julgada formal. Assim, os meios processuais aptos a atacarem a execução da cláusula reformada são a exceção de pré-executividade e o mandado de segurança, no caso de descumprimento do art. 514 do CPC de 2015 (art. 572 do CPC de 1973). (ex-OJ n. 116 da SBDI-2 - DJ 11.08.2003). *Data venia,* falta base científica a esta Súmula, ao afirmar que nos denominados dissídios coletivos "somente se consubstancia coisa julgada formal".

Questão que se reveste de extraordinário interesse prático e que está a desafiar a inteligência doutrinária diz respeito a saber se, havendo duas coisas julgadas contrastantes, sobre o mesmo assunto, e tendo se exaurido o prazo fixado pelo art. 975 do CPC para a desconstituição de ambas, deverá prevalecer a primeira ou a segunda.

O douto José Carlos Barbosa Moreira entende que a prevalência é da segunda: "Seria evidente contra-senso recusar-se eficácia à segunda sentença, depois de consumada a decadência, quando nem sequer antes disso a eficácia era recusável. A passagem da sentença, da condição de rescindível à de irrescindível, não pode, é claro, diminuir-lhe o valor. Aberraria aos princípios tratar como inexistente ou como nula uma decisão que nem rescindível é mais, atribuindo ao vício, agora, relevância maior do que a que tinha durante o prazo decadencial. Daí se infere que não há como obstar, só com a invocação da ofensa à coisa julgada, à produção de quaisquer efeitos, inclusive executórios, da segunda sentença, quer anteriormente, quer (*a fortiori!*) posteriormente ao termo final do prazo extinto"[(11)].

Diversa é a nossa opinião, conquanto reconheçamos estar pisando em solo movediço e não possuirmos o dom divino da inerrância.

O nosso convencimento de que deve prevalecer não a segunda sentença, e, sim, a primeira deriva das seguintes razões:

a) a coisa julgada traduz uma alcandorada garantia constitucional (art. 5º, XXXVI), sendo assim, se a própria norma legal está obrigada a respeitar a *res iudicata*, por mais forte razão esse acatamento se impõe aos pronunciamentos jurisdicionais, pois estes são subalternos à lei, a cujo serviço se colocam. A segunda sentença, ao superpor-se à primeira, não só lhe afrontou a autoridade como ofendeu, ousadamente, o inc. XXXVI, do art. 5º da Constituição Federal, motivo por que a prevalência da segunda sentença representa uma consagração do desrespeito ao texto da Suprema Carta Política do País;

b) a afirmação de que o predomínio deve ser da segunda sentença, por não ser mais rescindível, corresponde, por um lado, a argumentar, de modo contraproducente, a favor da primeira, que também rescindível não é mais, e, de outro — o que é mais grave —, a atribuir preeminência a uma norma ordinária (CPC, art. 975), em confronto com a Constituição da República (art. 5º, XXXVI);

c) a segunda sentença, além disso, estaria contaminada em sua origem, em virtude de ser produto de transgressão ao mandamento inscrito no art. 505 do CPC, no sentido de que "Nenhum juiz decidirá novamente as questões já decididas, relativas à mesma lide...";

d) embora existam, na situação em exame, dois direitos adquiridos (decorrentes de duas coisas julgadas contrapostas) é evidente que o primeiro deve ser prevalecente, não tanto por um fator cronológico, mas, fundamentalmente, por ter sido o único que se constituiu segundo a lei e não contra ela;

e) a opção pela segunda sentença traz consigo, ainda que inadvertidamente, o perigo de premiar a quem obrou com má-fé, ao deduzir pretensão contra texto expresso de lei (CPC, arts. 80, I e 505) e obter, por essa forma, vantagem

---

(11) *Comentários...*, p. 209.

indevida, porquanto não é crível que, havendo sido parte no primeiro processo, pudesse ignorar a coisa julgada material que dele se originou.

O problema não está, contudo, solucionado por inteiro: cumpre-nos agora perscrutar de que meio jurídico haverá de socorrer-se a parte, para fazer valer a primeira sentença, lembrando que já se teria esgotado o prazo para rescindir a segunda (CPC, art. 975).

Mais uma vez, a doutrina apresenta soluções díspares.

Pontes de Miranda procura distinguir as situações: "Se duas sentenças forem absolutamente iguais, proferidas pelo mesmo juiz, no mesmo processo, só a primeira vale. Se proferidas em dois processos diferentes, na mesma espécie (identidade de ação), vale a primeira, ou, passados os dois anos, a segunda, se não foi executada, ou não começou a ser executada a primeira. Não sendo iguais, ainda que *in minimis*, dá-se ofensa à coisa julgada. A rescindibilidade pende, durante o biênio, e após ele rege a segunda, e não a primeira, salvo se a primeira já se executou, ou começou a executar-se. Se o momento posterior ao prazo bienal da segunda encontra a outra em execução, ainda não precluso o prazo para embargos do devedor, pode o executado, a que a segunda sentença interessa, opor-se à execução, sustentando a irrescindibilidade da segunda sentença. A execução posterior da primeira não pode ofender a rescindibilidade da segunda" (destacamos)[(12)].

Em verdade, o festejado jurista admite que a prevalência seja, no fundo, da segunda sentença — em opinião contrária à nossa —, embora tenha procurado construir peculiar solução para o caso de a primeira já haver sido executada ou estar sob execução, hipótese em que, segundo ele, esta prevalecerá. Não vemos, *venia concessa,* nenhuma relevância nessa distinção. Não nos parece ser o melhor critério jurídico para resolver o problema o que se baseia no fato de a primeira sentença haver sido executada, ou não. Isso tem consequências (e interesse) apenas de ordem prática, com vistas ao eventual retorno ao *status quo* ante se a segunda sentença vier a ser desconstituída. Preferimos os argumentos que relacionamos em linhas anteriores, que se fundam, nuclearmente, na necessidade de fazer prevalecente a primeira sentença, como medida tendente a preservar a incolumidade do preceito constitucional relativo à garantia da coisa julgada. Fora disso, será preocupar-se com aspectos de nonada do problema.

Dedicando-se ao exame dessa questão problemática, Sérgio Rizzi conclui que dentre as soluções possíveis, "a melhor é considerar como não escrito o prazo do art. 495 do Código, autorizando-se a rescisória sem o pressuposto do biênio"[(13)].

---

(12) Ob. cit., p. 285.
(13) Ob. cit., p. 139.

Esse autor defende, como se nota, a prevalência da primeira sentença, como também é de nosso entendimento.

Embora concordemos, no essencial, com a resolução proposta por Rizzi, parece-nos que se deveria considerar não como não escrito o art. 975 do CPC, e, sim, como escrito, mas destituído de eficácia diante do mandamento gravado no art. 5º, XXXVI, da Constituição Federal. Aquela norma ordinária teria, assim, existência e vigência, mas não eficácia, em virtude da soberania da vontade constitucional.

Isso, porém, não é tudo; resta, ainda, a ser removida, uma incômoda partícula do problema: aceita a prevalência da primeira sentença e afastada, quanto à segunda, a aplicação do art. 975 do CPC, de que instrumento jurídico poderia utilizar-se a parte interessada para procurar fazer valer o primeiro pronunciamento jurisdicional passado em julgado?

A solução é bifronte: a) encontrando-se ainda em curso o prazo para o oferecimento de embargos à execução da segunda sentença, a parte encontrará aí a oportunidade e o instrumento legal adequado para alegar a existência da coisa julgada, supondo-se que tenha interesse em formulá-la (teria tido êxito na primeira ação e insucesso na segunda, agora em execução). A circunstância de nem a CLT (art. 884, § 1º) nem o CPC previrem a possibilidade de essa matéria ser arguida nos embargos não deve constituir óbice à sua formulação, levando-se em conta o seu caráter de excepcionalidade; b) caso, entretanto, o prazo para oferecer embargos já se encontrasse esgotado, sem que a parte o houvesse aproveitado para alegar a presença de coisa julgada, só lhe restariam estas alternativas, em tese: 1. aceitar a segunda sentença, renunciando, assim, à convicção de que a primeira possuía preeminência jurídico-constitucional; 2. ingressar com ação declaratória de nulidade da segunda sentença, denunciando o vício que está a contaminá-la, desde a origem; 3. tentar obter uma declaração de inconstitucionalidade da segunda sentença, em virtude da ofensa que ela perpetrou ao art. 5º, XXXVI da Suprema Carta. Analisemos essas alternativas:

a) a aceitação, pura e simples, da segunda sentença — mediante a submissão aos efeitos que lhe são próprios — representaria a solução mais rápida e menos controvertida do problema, além de prestigiar a corrente de opinião que sustenta, em qualquer hipótese, a prevalência invariável da segunda sentença;

b) a ação declaratória de nulidade da segunda sentença, embora seja teoricamente viável, encontraria certas dificuldades a serem superadas, como, v.g., a materializada no art. 19 do CPC, que somente prevê a ação anulatória que tenha por objeto a inexistência (para nos limitarmos a esta) de relação jurídica; no caso, não só a relação jurídica teria existido, mas também a segunda sentença, ainda que a existência dessa fosse nula; demais disso, tratando-se de ato da jurisdição praticado em processo contencioso, seria inaplicável o princípio contido no art. 966, § 4º, do CPC;

c) a declaração de inconstitucionalidade dificilmente seria possível, pois a sentença não é norma legal, nem possui o atributo de ato normativo. É certo que essa objeção perderia a sua consistência quando a pronúncia de inconstitucionalidade tivesse como destinatário acórdão proferido por tribunal do trabalho no julgamento de conflito coletivo, vez que o caráter normativo das decisões dessa espécie é reconhecido pela própria Constituição Federal (art. 114, § 2º).

Estamos, inegavelmente, diante de uma das mais agudas aporias de quantas, não raro, nos tomam de assalto no campo das investigações jurídicas.

Essa dificuldade doutrinária no solucionamento do problema decorre, em larga medida, de uma precariedade tópica de nosso sistema jurídico, que não dedicou ao assunto a merecida atenção.

Seja como for, não nos recusamos a deixar um modesto contributo pessoal à elucidação da matéria; é o que faremos a seguir.

Atendendo às singularidades do processo do trabalho, devemos colocar, de um lado, os conflitos individuais e, de outro, os conflitos coletivos.

Se a segunda sentença ou o segundo acórdão solucionaram conflitos individuais e passaram em julgado com afronta a provimento jurisdicional anterior, também transitado em julgado, a anomalia deverá ser corrigida por meio de ação declaratória de nulidade da segunda sentença ou do segundo acórdão — pressupondo-se que já se tenha exaurido, em branco, o prazo de dois anos para buscar-se a rescisão destas últimas decisões. A arguição de inconstitucionalidade não seria possível, porque, como dissemos, nem a sentença nem o acórdão constituem norma legal ou ato normativo, para que possam propiciar a alegação de antagonismo com a Suprema Carta. Embora o art. 19, I, do CPC, pareça restringir a ação declaratória à existência, inexistência ou ao modo de ser de uma relação jurídica, pode-se argumentar que essa previsão legal não deve ser interpretada como excludente da possibilidade do uso da ação declaratória que tenha como objeto ato nulo, ainda que este tenha emanado da jurisdição, pois o que importa é a declaração e não o ato a que ela se refere.

No caso de acórdão que dirime conflito coletivo, em princípio poderá ser objeto de ação direta de inconstitucionalidade, por ofensa ao art. 5º, XXXVI, da Carta Magna, pois a tanto autoriza o seu caráter normativo. A legitimidade para o exercício dessa ação já não é privativa do Procurador-Geral da República, uma vez que a atual Constituição Federal a concede a diversas pessoas e entidades, dentre as quais a "confederação sindical ou entidade de classe de âmbito nacional" (art. 103, IX).

Admitimos que nenhum desses caminhos jurídicos são, rigorosamente, ortodoxos; o que não se pode permitir, no entanto — e isso nos parece dogmático — é que uma sentença ou um acórdão, que hajam perpetrado ofensa à coisa julgada material, permaneçam, impunemente, na ordem jurídica a desafiar, acima de tudo, a autoridade e a supremacia da vontade constitucional. Não menos desarrazoado será reconhecer-se em um primeiro momento, que a prevalência deve ser, efetivamente, sempre da primeira sentença, ou do primeiro acórdão (onde repousa, escorreita, a coisa julgada), mas concluir-se, em um segundo, que o sistema legal vigente não coloca ao alcance do interessado nenhum instrumento capaz de tornar concreta, real, essa prevalência, de tal modo que só restaria a esperança de uma solução de *lege ferenda*, só ficaria o consolo do primeiro momento — o único de lucidez.

O absurdo da permanência eterna de um segundo julgado, agressor da *res iudicata* e da Constituição, é de tal monta, que se o aparato jurídico não nos fornecesse nenhum instrumento de combate a essa aberrância, teríamos, por certo, de inventá-lo.

5. Violação manifesta de norma jurídica (CPC, art. 966, V)

5.1. Introdução

O Regulamento n. 737 dizia ser nula a sentença proferida contra expressa disposição de lei comercial (art. 680, § 2º); já a Consolidação de Ribas considerava notoriamente injusta a sentença dada contra o direito pátrio expresso (art. 1.613, § 2º).

O CPC de 1939, por sua vez, se referia à nulidade da sentença emitida contra literal disposição de lei (art. 798, I), em redação semelhante, pois, à do art. 485, V, do diploma processual civil de 1973.

O CPC de 2015 ampliou o sentido dessa causa de rescisão das decisões judiciais, ao aludir à violação manifesta de **norma jurídica**.

5.2. Violação manifesta de norma jurídica

O CPC de 1973, conforme dissemos, previa como uma das causas de resolução dos pronunciamentos jurisdicionais de mérito a violação a literal disposição de **lei (art. 485, V)**. A doutrina do período, entretanto, já entendia que se deveria conferir uma iterpreação mais ampla do vocáulo **lei**.

Pontes de Miranda, ao argumentar que não se pode acolher a opinião apegada exclusivamente ao sentido literal, pois o vocábulo lei foi empregado para designar o direito expresso, revelado, demonstrava admitir a possibilidade de a ação rescisória ter como fundamento a violação de **direito**, pois, segundo ele, o art. 4º, da Lei de Introdução ao Código Civil (atual Lei de Introdução às Normas do Direito Brasileiro) não pode ser postergado: "Dizer-se que, ao sentenciar, invocando costume ou princípio geral de direito, o juiz, que o ofende, apenas erra in procedendo, é erradíssimo. Sentenças proferidas contra algum costume, que se aponta como existente, escritível ou já escrito ("literal"), ou contra algum princípio geral de direito, ou contra o que, por analogia, se havia de considerar regra jurídica, são sentenças rescindíveis. Ao juiz da ação rescisória é que cabe dizer se existe ou não existe a regra de direito consuetudinário, ou o princípio geral de direito ou a regra jurídica analógica" (destacamos)(14).

Embora com a atenção voltada para o CPC de 1939, Oscar Tenório(15) e Jorge Americano(16) também sustentaram o cabimento da rescisória quando a sentença violasse o direito da parte, ainda que esse direito não estivesse materializado em lei escrita.

Inegavelmente, o entendimento manifestado pelos ilustres juristas citados era ponderando, pois sendo a lei omissa, em determinado caso, caberá ao juiz aplicar — por força do disposto no art. 4º da Lei de Introdução às Normas do Direito Brasileiro —, a analogia, os costumes e os princípios gerais de direito, em um processo de integração normativa; dessa maneira, se o juiz deixar de suprir a lacuna da norma legal ou fazê-lo de maneira errônea, haverá, em tese, ofensa ao art. 4º da precitada da Lei de Introdução.

É importante aviventarmos o fato de que, ao contrário do Regulamento n. 737 — que fazia alusão a direito expresso — o CPC de 1973 era extremamente claro ao prever a rescisória quando a sentença implicasse ofensa a literal disposição de lei. A nosso ver, essa atitude do legislador processual civil de 1973 não poderia ser considerada como simples afeição a palavras novas, e, sim, como uma irretorquível demonstração de seu propósito de restringir o uso da ação rescisória.

Com isso, afirmávamos que o inc. V, do art. 485, daquele CPC limitava a rescisória à violação de um dispositivo existente no ordenamento legal, repelindo, assim, a possibilidade de ser rescindida a sentença que houvesse ofendido direito não escrito da parte. A admitir-se a rescisória para os casos de violação a direito, o padrão de confronto seria efetivamente impreciso, pois como assinala José Afonso da Silva "Como se haveria de saber se o juiz errou contra a letra da lei, se não se tratasse de uma norma de Direito escrito?"(17).

---

(14) Ob. cit., p. 259.

(15) *Lei de introdução ao código civil brasileiro*. Rio de Janeiro: Livraria Jacinto Editora, 1944. p. 68.

(16) *Comentários ao Código de Processo Civil*. São Paulo: Livraria Acadêmica, 1942. p. 362.

(17) *Do recurso extraordinário no direito processual civil brasileiro*. São Paulo: Revista dos Tribunais, 1963. p. 191.

Concordamos, porém, com Pontes de Miranda quando assevera que "a literalidade não é um absoluto; o senso literal não é um só, nem unívoco; há dois, três ou mais sensos literais, e dizer que somente se pode interpor recurso extraordinário do que contravém a letra da lei é ignorar que a letra das leis é forma, como toda palavra humana, que só se pode contravir, com uma proposição, a outra proposição, portanto ao conteúdo de uma letra de lei, ao conteúdo de uma disposição letral"(18).

Por outro lado, a Orientação Jurisprudencial n. 25, da SBDI-II, do TST, estabelecia: "Ação rescisória. Expressão 'lei' do art. 485, V, do CPC. Não inclusão do ACT, CCT, Portaria e Regulamento. Não procede pedido de rescisão fundado no art. 485, inc. V, do CPC, quando se aponta violação à norma de convenção coletiva de trabalho, acordo coletivo de trabalho, Portaria do Poder Executivo e regulamento de empresa". Complementando, de certo modo, essa Orientação, dispunha a OJ n. 118, da mesma SBDI: "Ação rescisória. Expressão 'lei' do art. 485, V, do CPC. Indicação de contrariedade a súmula ou orientação jurisprudencial do TST. Descabimento. Não prospera pedido de rescisão fundado no art. 485, inciso V, do CPC, com indicação de contrariedade a súmula, uma vez que a jurisprudência consolidada dos tribunais não corresponde ao conceito de lei".

Sobrevém, todavia, o CPC de 2015, cujo art. 966, V, substitui o vocábulo **lei** por **norma jurídica**, ampliando, de maneira considerável, essa causa de rescindibilidade das decisões judicias. Assim dizemos, porque no conceito **de norma jurídica** se compreendem não apenas a lei, mas, também, o Decreto, o Regulamento, a Portaria, a Instrução etc. Rigor à frente, poder-se-ia inserir nesse conceito, ainda, a analogia, os costumes e os princípios gerais de direito (LINDB, art. 4º).

Em decorrência do advento do CPC de 2015, o TST reformulou o teor da OJ n. 25, da SBDI-II, além de incorporar a esta a OJ n. 118, da mesma SBDI, cujo enunciado passou a ser o seguinte: "AÇÃO RESCISÓRIA. REGÊNCIA PELO CPC DE 1973. EXPRESSÃO "LEI" DO ART. 485, V, DO CPC de 1973. NÃO INCLUSÃO DO ACT, CCT, PORTARIA, REGULAMENTO, SÚMULA E ORIENTAÇÃO JURISPRUDENCIAL DE TRIBUNAL. (atualizada em decorrência do CPC de 2015) Res. 212/2016, DEJT divulgado em 20, 21 e 22.09.2016

Não procede pedido de rescisão fundado no art. 485, V, do CPC de 1973 quando se aponta contrariedade à norma de convenção coletiva de trabalho, acordo coletivo de trabalho, portaria do Poder Executivo, regulamento de empresa e súmula ou orientação jurisprudencial de tribunal". (ex-OJ 25 da SDI-2, inserida em 20.9.2000 e ex-OJ 118 da SDI-2, DJ 11.08.2003). (Destacamos) A

(18) Ob. cit., p. 152.

redação dessa OJ, no entanto, ficou um tanto confusa, por encambulhar referências ao CPC de 2015 (no título) e ao CPC de 1973 (em sua proclamação).

Doravante, portanto, a ação rescisória será admitida quando se dirigir a decisão judicial (em princípio, de mérito) que haja violado, manifestamente, **norma jurídica**. Considerando que a norma jurídica compreende, como dissemos, entre outros atos normativos, a própria lei, passaremos a dar atenção especial a esta. Parece-nos que, mesmo tendo sido revogado o CPC de 1973, é possível cogitarmos não de **violação à lei**, como um dos fundamentos para o exercício da ação rescisória, se sim, de **manifesta violação a literal disposição de lei.**

Sérgio Rizzi, adaptando trabalho elaborado por José Afonso da Silva(19), enumera alguns casos de violação de literal disposição de lei, pela sentença: a) negar validade a uma lei, que válida o é; b) reconhecer validade a uma lei que não é válida; c) negar vigência a uma lei que ainda se encontra em vigor; d) admitir a vigência de uma lei que ainda não vigora ou que já deixou de viger; e) negar aplicação a uma lei reguladora da espécie; f) aplicar uma lei não reguladora da espécie; g) interpretar de modo tão errôneo a lei, que sob o pretexto de interpretar, a lei é "trateada ainda no seu sentido literal"(20).

Como exemplos de situações que autorizam o exercício da rescisória com fulcro no inc. V do art. 966, do CPC – no que se refere à violação à lei como espécie do gênero norma jurídica –, podem ser arrolados, dentre outros, os seguintes:

1) prestação da tutela jurisdicional, sem que o interessado a tenha requerido (CPC, art. 2º);

2) haver o autor postulado, em nome próprio, direito alheio, quando não autorizado por lei (CPC, art. 18);

3) participação de incapazes no processo, como autores, réus, assistentes, intervenientes, sem estarem representados ou assistidos por seus pais, tutores ou curadores (CPC, art. 72, *caput*);

4) ter ocorrido substituição voluntária das partes, no curso do processo, fora dos casos previstos em lei (CPC, art. 108);

5) recusa do juiz à formação de regime litisconsorcial necessário (CPC, art. 114);

6) quebra, pelo juiz, do seu dever de imparcialidade (CPC, art. 139, I), em prejuízo daquele a quem discriminou;

---

(19) Ob. cit., p. 107.
(20) *Tratado...*, p. 290.

7) falta de citação (CPC, art. 238) ou citação realizada em desrespeito às prescrições legais (CPC, art. 280);

8) ausência de intimação da parte, quando obrigatória (CPC, art. 269);

9) inexistência de intimação do Ministério Público, no feito em que deveria intervir (CPC, art. 279);

10) modificação do pedido ou da causa de pedir, pelo autor, fora dos casos previstos em lei (CPC, art. 329);

11) recusa injustificada, pelo juiz, em determinar que a parte exibisse documento ou coisa, requerida pela adversa, com decisão contrária a esta (CPC, art. 396);

12) inquirição de testemunhas impedidas e suspeitas (com decisão favorável a quem as indicou), sem que se tenham verificado as exceções de que tratam o § 4º, do art. 447, do CPC e o art. 228, parágrafo único, do Código Civil;

13) inquirição das testemunhas com infringência ao princípio da incomunicabilidade entre elas (CPC, art. 456);

14) falta de tomada do compromisso legal das testemunhas (CPC, art. 458, *caput*), ou de advertência quanto às sanções penais em que incorreriam, no caso de fazerem afirmação falsa, calarem ou ocultarem a verdade (*ibidem*, parágrafo único);

15) julgamento do mérito fora dos limites em que foi proposto (CPC, art. 141);

16) ausência de apreciação da reconvenção, oportuna e regularmente formulada (CPC, art. 343);

17) sentença elaborada sem os requisitos legais (CLT, art. 832; CPC, art. 489);

18) proferimento de sentença, em prol do autor, de natureza diversa da pedida, ou condenação do réu em quantidade superior ou em objeto diverso do que lhe foi demandado (CPC, art. 492);

19) modificação da sentença, pelo juízo que a prolatou, fora das exceções mencionadas em lei (CPC, art. 494, I e II);

20) execução baseada em título não previsto em lei (CLT, art. 876);

21) execução realizada sem a fase de liquidação, quando esta era indispensável (CLT, art. 879);

22) penhora de bens absolutamente impenhoráveis julgada subsistente (CPC, art. 833);

23) deferimento de arrematação de bem, cujo ato expropriatório não tenha sido precedido de edital (CLT, art. 888; CPC, art. 886);

24) excesso de execução, não reconhecido, injustificadamente, pela sentença resolutiva dos embargos (CPC, arts. 741, V, e 743);

Um outro caso é o de sentença ou acórdão *citra petita*, conforme prevê a Orientação Jurisprudencial n. 41, da SDI-II, do TST:

"AÇÃO RESCISÓRIA. SENTENÇA "CITRA PETITA". CABIMENTO (atualizada em decorrência do CPC de 2015) – Res. 208/2016, DEJT divulgado em 22, 25 e 26.04.2016

Revelando-se a sentença "*citra petita*", o vício processual vulnera os arts. 141 e 492 do CPC de 2015 (arts. 128 e 460, do CPC, de 1973), tornando-a passível de desconstituição, ainda que não interpostos embargos de declaração".

Muitos outros exemplos de rescisória ajuizada com espeque em violação à literal disposição de lei (inclusive, processual) poderiam ser ainda indicados; os que trouxemos são, por certo, suficientes para permitir uma compreensão razoável do assunto.

Conquanto seja recomendável que o autor indique, sempre, na petição inicial, a norma jurídica que teria sido agredida pela decisão rescindenda (pois isso, permitirá que o Tribunal possa examinar, com maior precisão e objetividade, o fato alegado), pensamos ser possível (= correto) o autor ater-se à narração dos fatos e à formulação do correspondente pedido (sem apontar, pois, qual o preceito legal que teria sido violado), em virtude da incidência do princípio *iura novit curia*. Como diz Pontes de Miranda, "não se precisa ter invocado lei, para que se viole lei: a lei está implicitamente invocada quando se expôs o fato e o fundamento jurídico do pedido, ou quando se especificou o que se pedia..."[21]. Observados esses critérios, o juiz poderá julgar violada a letra da lei mesmo quando for o caso de matéria que não possa conhecer *ex officio*, como a prescrição respeitante a direitos patrimoniais, pois nessa hipótese haverá implícita alegação de ofensa à lei que dispõe sobre a matéria.

A prudência sugere, contudo, que o autor mencione, na peça inaugural, a lei cuja literalidade teria sido desrespeitada pela sentença ou pelo acórdão rescindendo. Assim dizemos, porque a Súmula n. 408, do TST, consagrou, apenas em parte, o nosso entendimento sobre a matéria, conforme se pode verificar: "AÇÃO RESCISÓRIA. PETIÇÃO INICIAL. CAUSA DE PEDIR. AUSÊNCIA DE CAPITULAÇÃO OU CAPITULAÇÃO ERRÔNEA NO ART. 966 DO CPC DE 2015. ART. 485 DO CPC DE 1973. PRINCÍPIO "IURA NOVIT CURIA" (nova redação em decorrência do CPC de 2015) – Res. 208/2016, DEJT divulgado em 22, 25 e 26.04.2016.

---

(21) *Comentários à CF/37*. tomo III. Rio de Janeiro: Irmãos Pongetti, 1938. p. 134.

Não padece de inépcia a petição inicial de ação rescisória apenas porque omite a subsunção do fundamento de rescindibilidade no art. 966 do CPC de 2015 (art. 485 do CPC de 1973) ou o capitula erroneamente em um de seus incisos. Contanto que não se afaste dos fatos e fundamentos invocados como causa de pedir, ao Tribunal é lícito emprestar-lhes a adequada qualificação jurídica (*"iura novit curia"*). **No entanto, fundando-se a ação rescisória no art. 966, inciso V, do CPC de 2015 (art. 485, inciso V, do CPC de 1973), é indispensável expressa indicação, na petição inicial da ação rescisória, da norma jurídica manifestamente violada (dispositivo legal violado sob o CPC de 1973), por se tratar de causa de pedir da rescisória, não se aplicando, no caso, o princípio *"iura novit curia"*.** (ex-Ojs n.s 32 e 33 da SBDI-2 - inseridas em 20.09.2000)". (Destacamos)Esse entendimento é perfilhado pela OJ n. 34, da SBDI-II, do mesmo Tribunal: "AÇÃO RESCISÓRIA. PLANOS ECONÔMICOS – Res. 208/2016, DEJT divulgado em 22, 25 e 26.04.2016I I - O acolhimento de pedido em ação rescisória de plano econômico, fundada no art. 485, inciso V, do CPC de 1973, pressupõe, necessariamente, expressa invocação na petição inicial de afronta ao art. 5º, inciso XXXVI, da Constituição Federal de 1988. A indicação de ofensa literal a preceito de lei ordinária atrai a incidência da Súmula n. 83 do tst e Súmula n. 343 do STF. II - Se a decisão rescindenda é posterior à Súmula n. 315 do TST (Res. 07, DJ 22.09.93), inaplicável a Súmula n. 83 do TST".

A lei nova não torna, entretanto, rescindível a sentença proferida em harmonia com a lei vigente ao tempo da emissão da decisão rescindenda, pois esse aparente problema de direito intertemporal se resolve com a aplicação da máxima jurídica *tempus regit actum* (o tempo rege o ato).

Sobrevindo lei dotada de efeito retroativo, que modifique norma legal anterior, com base na qual a sentença foi proferida, esta se tornaria rescindível? Seguramente que não, pois se assim fosse, a lei nova estaria, por certo, ferindo direito adquirido da parte, tornando-se, em consequência, contrastante com a Constituição Federal (art. 5º, II e XXXVI).

Solução diversa, contudo, deverá ser adotada para a hipótese de o Senado Federal suspender a vigência de lei declarada inconstitucional pelo Supremo Tribunal Federal (e com fundamento na qual a sentença passada em julgado foi emitida), porquanto seria desarrazoado pensar-se, aqui, em direito adquirido contra a Constituição; logo, a sentença seria rescindível, sob pena de ser mantida em perigoso antagonismo com a Suprema Carta Política.

5.3. Lei material e lei processual

Demonstrado que somente a transgressão à letra da lei autoriza o exercício de uma pretensão rescisória, vejamos agora se, para esse efeito, a lei deve ser apenas a material, ou se também se admite a rescindibilidade das sentenças que tenham infringido lei processual.

O que se deve examinar, por outras palavras, é se na previsão do inc. V, do art. 966, do CPC estão compreendidos, exclusivamente, os errores *in iudicando* do magistrado, ou se aí também se incluem os errores in procedendo deste.

Bueno Vidigal entende que a rescisória somente será possível se a violação à letra da lei decorrer de *error in iudicando* do juiz, sob o argumento de que, a não se concluir nesse sentido, seriam inúteis muitos dos incisos do art. 966 do Código, pois quando a sentença for proferida: a) por juiz impedido (CPC, art. 144); b) por juízo absolutamente incompetente (CPC, art. 64, § 1º); ou c) com ofensa à coisa julgada (CPC, art. 505), é óbvio que terá ocorrido error in procedendo, razão por que só se deve pensar em error *in iudicando* no caso do inc. V do art. 966[22].

A despeito de reconhecermos estar apoiado em boa lógica o pensamento de Bueno Vidigal, pensamos, *data venia*, que ensejam a rescisória não apenas as sentenças que hajam ofendido a lei em virtude de *error in iudicando* do juiz como aquelas que tenham derivado de um seu *error in procedendo*. Assim opinamos porque, em primeiro lugar, o inc. V do art. 966 não faz nenhuma distinção entre o quebrantamento da norma legal haver sido provocado por sentença proveniente de *error in iudicando* ou de *error in procedendo* do magistrado; em segundo, a limitar-se a rescisória aos casos de *errores in iudicando*, acabaríamos por não permitir o uso dessa ação diante de sentenças que houvessem ofendido a letra da lei em decorrência de errores in procedendo não previstos nos demais incisos desse artigo.

Consideremos, p. ex., que o órgão jurisdicional haja proferido sentença, a favor do autor, de natureza diversa da pedida, ou condenatória do réu em quantidade superior ou em objeto diverso do que lhe foi demandado (CPC, art. 492): nesta hipótese, seria evidente o error in procedendo do órgão, ao emitir sentença transgressora da regra contida no art. 492 do Código; apesar disso, não seria rescindível essa sentença, na medida em que, de um lado, o inc. V desse artigo apenas autorizaria a rescisória baseada em *error in iudicando*, e, de outro, a situação imaginada não estaria prevista em nenhum dos outros incisos dessa disposição legal.

Concluímos, pois, que com vistas à incidência do inc. V, do art. 966, do CPC:

a) será passível de rescisão a sentença que houver infringido norma jurídica, entendidas como tal o Decreto, o Regulamento, a Portaria, a Instrução, entre outros atos. A controvérsia fica por conta da possibilidade, ou não, de serem consideradas, para efeito de ação rescisória, as decisões de mérito fundadas na analogia, ou contrárias aos costumes e aos princípios gerais de direito;

---

(22) Ob. cit., p. 101/103.

b) é irrelevante que a sentença haja violado lei material ou lei processual: tanto *os errores in iudicando* quanto os *errores in procedendo* podem motivar o uso da rescisória, desde que tenham sido praticados em agressão à lei.

Cabe esclarecer, todavia, que não é admissível a ação rescisória fundada em ofensa à literal disposição de lei "quando a decisão rescindenda se tiver baseado em texto legal de interpretação controvertida nos tribunais" (Súmula n. 343, do STF) — ainda que, posteriormente, se torne vitoriosa a interpretação favorável às pretensões do autor, acrescentamos. Por outro lado, estabelece a Súmula n. 83, do TST: "AÇÃO RESCISÓRIA. MATÉRIA CONTROVERTIDA (incorporada a Orientação Jurisprudencial n. 77 da SBDI-2) - Res. 137/2005, DJ 22, 23 e 24.08.2005 I - Não procede pedido formulado na ação rescisória por violação literal de lei se a decisão rescindenda estiver baseada em texto legal infraconstitucional de interpretação controvertida nos Tribunais. (ex-Súmula n. 83 - alterada pela Res. 121/2003, DJ 21.11.2003) II - O marco divisor quanto a ser, ou não, controvertida, nos Tribunais, a interpretação dos dispositivos legais citados na ação rescisória é a data da inclusão, na Orientação Jurisprudencial do TST, da matéria discutida. (ex-OJ n. 77 da SBDI-2 - inserida em 13.03.2002)"

O enunciado da Súmula n. 343 do Excelso Pretório revela que a ação rescisória (com fulcro no inc. V do art. 966, do CPC) não visa à manutenção da unidade do direito federal, ou à uniformização da interpretação dos preceitos legais, tarefa que incumbe apenas ao recurso extraordinário.

Exatamente por esse motivo é que não se justifica a exigência do requisito do prequestionamento, em sede de ação rescisória, conforme procuramos mostrar no Capítulo X. Como, porém, não existem regras rigorosamente absolutas, devemos reconhecer que, pelo menos, em um caso, a matéria deve ser objeto de prévio questionamento para que a rescisória se torne viável: se a prescrição foi alegada, tempestivamente, em primeiro grau, e o juiz deixou de apreciá-la por ocasião da sentença, será possível o manejo da rescisória, para que o tribunal sobre ela se manifeste, ainda que o autor não haja oferecido embargos declaratórios à sentença de primeiro grau, que se omitiu no exame dessa matéria. Nessa hipótese, tendo o juiz deixado de apreciar a prescrição alegada, a sentença, por ele proferida, violou o art. 490, *caput*, primeira parte, do CPC, propiciando, com isso, o exercício da rescisória com fundamento no inc. V do art. 966, do mesmo álbum processual. Na hipótese, porém, de o juiz afirmar que a prescrição não foi alegada quando na verdade esta o foi, a rescisória deverá ser deflagrada com apoio no inc. VIII do art. 966, dado que o julgador, ao "considerar inexistente um fato efetivamente ocorrido" (a alegação de prescrição), incidiu em manifesto erro de fato.

Por terem pertinência com a matéria que estamos a examinar, merecem ser reproduzidas as seguintes OJs da SBDI-II, do TST, e Súmulas, do mesmo Tribunal:

OJ n. 19: "Ação rescisória. Desligamento incentivado. Imposto de renda. Abono pecuniário. Violação de lei. Súmula 83 do TST. Aplicável. Havendo notória controvérsia jurisprudencial acerca da incidência de imposto de renda sobre parcela paga pelo empregador ('abono pecuniário') a título de 'desligamento incentivado', improcede pedido de rescisão do julgado. Incidência da Súmula n. 83, do TST";

OJ n. 30: "AÇÃO RESCISÓRIA. MULTA. ART. 920 DO CÓDIGO CIVIL DE 1916 (ART. 412 DO CÓDIGO CIVIL DE 2002) (nova redação em decorrência da incorporação da Orientação Jurisprudencial n. 31 da SBDI-II) - DJ 22.08.20050 Não se acolhe, por violação do art. 920 do Código Civil de 1916 (art. 412 do Código Civil de 2002), pedido de rescisão de julgado que: a) em processo de conhecimento, impôs condenação ao pagamento de multa, quando a decisão rescindenda for anterior à Orientação Jurisprudencial n. 54 da Subseção I Especializada em Dissídios Individuais do TST (30.05.94), incidindo o óbice da Súmula n. 83 do TST; (ex-OJ n. 30 da SDI-2 inserida em 20.09.00) b) em execução, rejeita-se limitação da condenação ao pagamento de multa, por inexistência de violação literal. (ex-OJ n. 31 da SDI-2 - inserida em 20.09.00)".

OJ n. 97: "AÇÃO RESCISÓRIA. VIOLAÇÃO DO ART. 5º, II, LIV E LV, DA CONSTITUIÇÃO FEDERAL. PRINCÍPIOS DA LEGALIDADE, DO DEVIDO PROCESSO LEGAL, DO CONTRADITÓRIO E DA AMPLA DEFESA" (nova redação) - DJ 22.08.2005

Os princípios da legalidade, do devido processo legal, do contraditório e da ampla defesa não servem de fundamento para a desconstituição de decisão judicial transitada em julgado, quando se apresentam sob a forma de pedido genérico e desfundamentado, acompanhando dispositivos legais que tratam especificamente da matéria debatida, estes sim, passíveis de fundamentarem a análise do pleito rescisório".

OJ n. 112: "AÇÃO RESCISÓRIA. VIOLAÇÃO DE LEI. DECISÃO RESCINDENDA POR DUPLO FUNDAMENTO. IMPUGNAÇÃO PARCIAL (DJ 29.04.2003) Para que a violação da lei dê causa à rescisão de decisão de mérito alicerçada em duplo fundamento, é necessário que o Autor da ação rescisória invoque causas de rescindibilidade que, em tese, possam infirmar a motivação dúplice da decisão rescindenda".

Súmula n. 409: "AÇÃO RESCISÓRIA. PRAZO PRESCRICIONAL. TOTAL OU PARCIAL. VIOLAÇÃO DO ART. 7º, XXIX, DA CF/1988. MATÉRIA INFRACONSTITUCIONAL (conversão da Orientação Jurisprudencial n. 119 da SBDI-2) - Res. 137/2005, DJ 22, 23 e 24.08.2005

Não procede ação rescisória calcada em violação do art. 7º, XXIX, da CF/1988 quando a questão envolve discussão sobre a espécie de prazo prescricional aplicável aos créditos trabalhistas, se total ou parcial, porque a matéria tem índole infraconstitucional, construída, na Justiça do Trabalho, no plano jurisprudencial. (ex-OJ n. 119 da SBDI-2 - DJ 11.08.2003)".

Súmula n. 410: "AÇÃO RESCISÓRIA. REEXAME DE FATOS E PROVAS. INVIABILIDADE (conversão da Orientação Jurisprudencial n. 109 da SBDI-2) - Res. 137/2005 DJ 22, 23 e 24.08.2005

A ação rescisória calcada em violação de lei não admite reexame de fatos e provas do processo que originou a decisão rescindenda. (ex-OJ n. 109 da SBDI-2 - DJ 29.04.2003)".

Súmula n. 411: "AÇÃO RESCISÓRIA. SENTENÇA DE MÉRITO. DECISÃO DE TRIBUNAL REGIONAL DO TRABALHO EM AGRAVO REGIMENTAL CONFIRMANDO DECISÃO MONOCRÁTICA DO RELATOR QUE, APLICANDO A SÚMULA N. 83 DO TST, INDEFERIU A PETIÇÃO INICIAL DA AÇÃO RESCISÓRIA. CABIMENTO (conversão da Orientação Jurisprudencial n. 43 da SBDI-2) - Res. 137/2005, DJ 22, 23 e 24.08.2005

Se a decisão recorrida, em agravo regimental, aprecia a matéria na fundamentação, sob o enfoque das Súmulas n.s 83 do TST e 343 do STF, constitui sentença de mérito, ainda que haja resultado no indeferimento da petição inicial e na extinção do processo sem julgamento do mérito. Sujeita-se, assim, à reforma pelo TST, a decisão do Tribunal que, invocando controvérsia na interpretação da lei, indefere a petição inicial de ação rescisória. (ex-OJ n. 43 da SBDI-2 - inserida em 20.09.2000)".

Súmula n. 412: "AÇÃO RESCISÓRIA. SENTENÇA DE MÉRITO. QUESTÃO PROCESSUAL (conversão da Orientação Jurisprudencial n. 46 da SBDI-2) - Res. 137/2005, DJ 22, 23 e 24.08.2005

Pode uma questão processual ser objeto de rescisão desde que consista em pressuposto de validade de uma sentença de mérito. (ex-OJ n. 46 da SBDI-2 - inserida em 20.09.2000)".

Súmula n. 413: "AÇÃO RESCISÓRIA. SENTENÇA DE MÉRITO. VIOLAÇÃO DO ART. 896, "A", DA CLT (nova redação em decorrência do CPC de 2015) - Res. 209/2016, DEJT divulgado em 01, 02 e 03.06.2016

É incabível ação rescisória, por violação do art. 896, «a», da CLT, contra decisão transitada em julgado sob a égide do CPC de 1973 que não conhece de recurso de revista, com base em divergência jurisprudencial, pois não se cuidava de sentença de mérito (art. 485 do CPC de 1973). (ex-OJ n. 47 da SBDI-2 - inserida em 20.09.2000)".

6. Prova falsa (CPC, art. 966, VI)

6.1. Introdução

A falsidade da prova já figurava, no texto das Ordenações Filipinas, como causa para a rescindibilidade das decisões (Livro III, Tít. 55). O Regulamento n. 737 dispunha ser "nula" a sentença "fundada em instrumento ou depoimento julgados falsos em juízo competente" (art. 680, § 3º).

O CPC de 1939 estabelecia ser nula a sentença: "II — Quando o seu principal fundamento for prova declarada falsa em Juízo criminal, ou de falsidade inequivocadamente apurada na própria ação rescisória" (art. 798, II).

O art. 485, VI, do diploma processual civil, de 1973, praticamente repetiu a redação constante do art. 798, II, do Código anterior, embora o legislador de 1973 tenha tido o cuidado de eliminar o advérbio **inequivocamente** — na verdade, desnecessário.

O CPC de 2015, repetindo o de 1973, faz alusão à falsidade da prova (art. 966, VI).

6.2. Conceito de falsidade

De modo geral, o vocábulo falsidade traduz todo tipo de alteração, de deturpação ou mesmo de supressão da verdade, pouco importando, para isso, o meio material de que se tenha utilizado o agente.

No campo jurídico, há duas espécies de falsidade: a material e a ideológica. No magistério de Lamberto Ramponi, "A primeira consiste na composição de um ato falso, ou ainda nos cancelamentos, alterações, modificações de uma ou mais partes de um ato verdadeiro; a segunda consiste na exposição de um ato de fatos ou declarações não subsistentes ou não conformes à verdade. A falsidade, pois, seja de uma ou de outra espécie, pode dizer respeito tanto ao ato público como ao escrito particular, pois que qualquer documento pode estar sujeito à total ou parcial alteração na sua forma ou na sua substância. Mas, uma vez que a matéria da falsidade pode interessar tanto ao direito e ao processo civil quanto ao direito e ao processo penal, importa preliminarmente distinguir acuradamente, e nitidamente diferençar a falsidade civil e a falsidade penal ou crime de falsidade. Do ponto de vista penal, a falsidade resulta, como qualquer crime, do conjunto de dois elementos, o objetivo e o subjetivo, o primeiro dos quais consiste na materialidade do fato, o segundo tem em vista a imputabilidade do agente. Do exposto resulta que, embora existindo objetivamente a falsidade, quando não subsista ao mesmo tempo a imputabilidade do agente (como se este por violência física ou moral ou por erro houvesse cometido a falsidade, ou não tivesse estado *compos sui* no ato que cometeu) o juízo penal não tem mais razão de existir, porque, onde não há imputabilidade, aí não pode haver responsabilidade e contra indivíduo irresponsável nada tem a fazer a justiça punitiva. Além disso, pois que não há juízo sem ação, se esta extinguiu-se (como pela morte do réu ou pela prescrição), ainda em tal caso não tem mais razão de ser o juízo criminal. E, finalmente, este não pode subsistir se o autor do fato for desconhecido. Mas do ponto de vista civil bem diversamente corre a coisa, **porém não se considera da falsidade senão o elemento objetivo**, não se faz qualquer indagação (que seria descabida) sobre a imputabilidade e a responsabilidade do agente, mas somente se tem em vista a materialidade do fato. Esse conceito é expresso com breves mas eficazes palavras por Ricci, quando diz: o processo civil não vai em busca do réu; preocupa-se tão somente em repelir um meio que prejudica a descoberta da verdade, e que pode levar o juiz a aceitar, com toda a boa-fé, a falsidade em lugar da verdade: esta por isso caminha diretamente ao seu escopo sem de forma alguma cuidar de indagar a vontade daquele que deu a vida à falsidade" (Destacamos)[(23)].

Conclui-se, portanto, que para os efeitos específicos do processo civil (logo, também o do trabalho), interessa unicamente o elemento objetivo da falsidade, ou seja, a materialidade do fato, desprezando-se o elemento subjetivo, que desperta interesse apenas no direito e no processo penais.

Isso quer dizer que mesmo não tendo o agente a intenção de falsificar o meio de prova em que se baseou a sentença rescindenda, o fato não prejudicará o exercício da rescisória, desde que a falsificação esteja patentemente comprovada.

---

(23) Verb. Falso, materia civile, vol. XI, parte II de II Digesto Italiano, Torino, 1895, p. 186.

Falsidade e simulação, entretanto, não se confundem; embora a falsidade sempre encerre uma simulação, a recíproca não é verdadeira. O ponto comum entre ambas é a desconformidade do fato verdadeiro com o fato alegado. A diferença está, contudo, em que, na falsidade, essa desconformidade ocorre em prejuízo dos direitos ou interesses de uma das partes; na simulação, essa falta de correspondência do fato real com o fato relatado vem em detrimento dos direitos ou interesses de terceiro.

Bueno Vidigal, pondo à frente a regra da imutabilidade das decisões passadas em julgado, entende que a simulação não pode servir de base à ação rescisória, "pois devem entender-se restritivamente os casos do art. 485 do CPC"[(24)]. O autor se referia ao CPC de 1973.

Divergimos dessa opinião. Pois,

ora, se o que caracteriza a simulação é o prejuízo acarretado ao terceiro, por ato das partes, e se o art. 487, II (atual art. 967, II), do CPC, atribui ao terceiro legitimidade para ajuizar ação rescisória, não vemos como se possa negar, doutrinariamente, a este, o exercício de um tal direito, sendo bastante, para isso, que demonstre possuir interesse jurídico em ver desconstituída a *res iudicata*.

A não se pensar assim, de que meio jurídico disporia o terceiro, cujos direitos ou interesses foram afetados pelo fenômeno da coisa julgada material?

6.3. Presunções e indícios

O inc. VI, do art. 966, do CPC admite, como estamos vendo, o uso da rescisória quando a sentença fundar-se em meio de prova declarado falso. A consequência prática dessa regra legal reside no fato de não ser rescindível a sentença que se haja baseado em algo que não constitua meio probante, como os indícios e as presunções.

Originário do latim *praesumptio*, o vocábulo presunção significa, na terminologia jurídica, a dedução[(25)], a inferência que se extrai de um fato conhecido para se admitir como verdadeira a existência de um outro, ignorado.

A presunção não constitui, porém, meio de prova — em que pese à existência de pareceres doutrinários divergentes; trata-se, como o seu próprio conceito indica, de mero raciocínio lógico, realizado pelo juiz, mediante o qual, a partir de um fato conhecido (probante), deduz a existência de um outro, desconhecido (probando) ou duvidoso.

---

(24) Ob. cit., pág. 132.

(25) Pensamos que o método seja dedutivo e não indutivo, porque parte de um fato geral para o particular, do complexo para o simples.

É certo que o CPC de 1939, em consonância com o disposto no art. 136, V, do Código Civil, a tinha, de maneira expressa, como um meio de prova, tanto que, no Livro II, a matéria estava disciplinada pelo Cap. VI do Título VIII, que versava sobre as provas. O CPC de 1973, acertadamente, assim não a classificou, como se percebia pelo fato de não a haver incluído no Cap. VI ,do Título VIII, Livro I — sabendo-se que a ela fazia referências esparsas em Capítulos e Livros distintos (arts. 285, 319, 803). O CPC de 2015 também não inseriu a presunção no elenco dos meios de prova (Parte Especial, Livro I, Título I, Capítulo XII ("Das Provas", arts. 369 a 484).

Do latim *indicium, o* termo indício espelha as circunstâncias conhecidas que autorizam, por um processo indutivo, a concluir-se pela existência de outras circunstâncias. O indício pode ser apontado como o componente material, concreto, da presunção, justamente porque esta é deduzida daquela.

O **indício**, em si mesmo, vale dizer, isoladamente considerado, pouco representa para o processo: a sua eficácia ou importância só existe quando ele é correlacionado com outras circunstâncias ou elementos dos autos.

Pode-se dizer que o indício é a mera probabilidade de ser verdadeiro o fato; representa, pois, o vestígio do fato, o sinal palpável de sua existência no mundo sensível.

Distingue-se, todavia, o indício da presunção: enquanto esta decorre da conclusão de um fato conhecido para a prova de um fato ignorado ou duvidoso, aquele revela as circunstâncias que conduzem à admissibilidade de outras circunstâncias, que, em seu conjunto, constituem a presunção. Essa particularidade levou João Monteiro a afirmar que o indício é o meio e a presunção, o resultado(26).

Ademais, os indícios podem se formar seja por intermédio de circunstâncias observadas, ou seja, de ilações abstratas oriundas de aspectos de fato, seja por intermédio de circunstâncias concretas, deduzidas de princípios de prova. Daí Pestana de Aguiar dizer que "Seja nascido de um elemento concreto de informação componente dos autos, seja de um raciocínio indutivo, puro, o indício é sempre meio caminho para a apuração da verdade, pelo que pode ser situado na faixa do livre convencimento do Juiz. Inclusive só receberá algum valor e convulsionará o campo da prova ao neste penetrar, se estiver coerente, preciso e concordante com outros elementos de convicção dos autos"(27).

Não constituindo, portanto, as presunções e os indícios meios de prova, temos que não poderá ser objeto a sentença que neles se fundar, ainda que um e

---

(26) *Programa do curso de processo civil,* 3. ed.
(27) *Comentários ao Código de Processo Civil.* São Paulo: Revista dos Tribunais, 1977. p. 43.

outro tenham sido produto de raciocínio imperfeito, por parte do juiz. Devemos ressaltar que não estamos concebendo aqui a rescisória baseada no inc. VI, do art. 966, do Código; é provável, no entanto, que, em determinados casos, as presunções e os indícios possam ensejar a rescisória com fulcro no inc. VIII do mesmo dispositivo legal (erro de fato).

6.4. Falsidade e meios de prova

Demonstrado que as presunções e os indícios não representam meios de prova, vejamos, a seguir, o problema da falsidade relativa aos meios de prova autênticos.

6.4.1. Confissão

Na vigência do CPC de 1973, Jorge Americano entendia que só se poderia pensar em ação rescisória fundada em falsidade de confissão quando ajuizada pelo próprio confitente, sob o argumento de que a retratação lhe aproveitaria[(28)]; mas nesta hipótese única — prosseguia o grande jurista — não seria jurídico permitir-lhe que viesse a juízo retratar-se, para beneficiar-se da falsidade a que ele próprio deu causa[(29)].

A despeito de bem compreendermos os motivos que levaram Jorge Americano a recusar a possibilidade de a ação rescisória ser aforada pelo próprio confitente, dele divergíamos. É necessário não esquecer que o CPC de 1973 permitia o uso da rescisória de sentença que se houvesse baseado em confissão, sem restringir um tal interesse ao terceiro (art. 487, II). Nem fazia sentido consentir que o confitente pudesse ingressar com ação anulatória ou com ação rescisória, para revogar confissão emanada de erro, dolo ou coação, e se lhe negasse esse direito quando a rescisória estribasse não em confissão inválida (como nos casos citados), e, sim, em confissão falsa, exceto se esta houvesse decorrido de manifesta má-fé, por parte do confitente.

Essa questão perdeu, entretanto, o interesse, quando vinculada ao tema da ação rescisória, pois o CPC de 2015 eliminou a possibilidade de ser objeto dessa ação desconstitutiva a decisão, mesmo de mérito, que se tenha baseado em confissão (e, também, em desistência e transação).

6.4.2. Documental

O substantivo documento tem origem em *documentum*, do verbo latino docere (ensinar, instruir, mostrar).

---

(28) *Estudo teórico e prático da ação rescisória dos julgados no direito brasileiro*. 3. ed. São Paulo: Saraiva, 1936. p. 185/186.

(29) *Idem, ibidem*.

Segundo conceito que emitimos em outra obra, documento é todo meio idôneo e moralmente legítimo, capaz de comprovar, materialmente, a existência de um fato[30].

É erro grave afirmar que documento seja algo que "contenha escritos"; conquanto, no mais das vezes, os documentos efetivamente possuam algo grafado, a generalização dessa particularidade poderia incorrer na imprudência de negar-se a qualidade de documento à fotografia (CPC, art. 422, § 2º) e as outras peças, como, *v.g.*, as reproduções cinematográficas e os registros fonográficos.

Quanto à origem, classificam-se os documentos em públicos e privados.

O documento público faz prova não apenas da sua formação, mas também dos fatos que o escrivão, o chefe de secretaria tabelião ou o servidor, declara que se passaram na sua presença (CPC, art. 405). Os fatos ocorridos na presença do oficial público podem referir-se não somente àqueles que foram relatados pelas partes (consistentes nas declarações que elas pretenderam constassem do documento), mas também a outros, não provenientes de declarações, como, p. ex., o pagamento de certa quantia. A circunstância, porém, de o oficial trasladar para o papel os fatos narrados pelas partes (declarantes) não significa que esses fatos sejam verdadeiros. Deste modo, deve-se entender que o documento público prova que as declarações foram feitas (ou seja, a sua formação) e não que sejam verdadeiras, até porque o escrivão, o tabelião, o serventuário não têm condições de saber se as declarações que lhes são prestadas são sinceras ou insinceras. Por esse motivo, ditas declarações, apesar de estarem inseridas em documento público, podem ser desmentidas mediante prova em contrário.

Se o documento for elaborado por oficial público que não possuía competência (ou atribuição) para isso, ou, se competente, não atendeu às formalidades legais, terá a mesma eficácia dos documentos particulares, contanto que seja subscrito pelas partes (CPC, art. 407). Trata-se, como se nota, de convenção legal de documento público em documento particular; isso somente será possível, entretanto, se o ato a que se refere o documento público (inservível como tal) poderia também ser objeto de documento particular.

Dizem-se particulares dos documentos que foram confeccionados sem a participação de oficial público.

Se o documento particular contiver declaração de ciência a respeito de determinado fato, provará apenas a declaração e não o fato que constituiu o seu objeto, incumbindo, conseguintemente, o ônus da prova à parte interessada na demonstração da veracidade do fato (CPC, art. 408, parágrafo único). Essa

(30) *A prova no processo do trabalho*. 5. ed. São Paulo: LTr, 1989. p. 180/181.

disposição é aplicável, e. g., nas suspensões disciplinares impostas aos empregados: embora ele aponha, como de praxe, o seu "ciente" no documento, não está, só por isso, concordando com o fato que lhe é imputado e com a consequente penalidade que lhe foi infligida. Caberá ao empregador comprovar em juízo — se este for o caso — serem verdadeiros os fatos que motivaram a imposição dessa penalidade ao empregado.

Por autor do documento particular se designa a pessoa a quem se atribui a sua formação. Sob esse aspecto, autor não é somente aquele que forma, pessoalmente, o documento, como também o é quem determina, seja a formação realizada por terceiro, seja para si. A autoria do documento particular apresenta relevantes repercussões de ordem prática, como, p. ex., no campo do *onus probandi*, pois de acordo com o art. 429, II, do CPC, quando se tratar de contestação à autenticidade (de assinatura, por exemplo), o encargo da prova recai na parte que produziu o documento e não naquela que o assinou.

Tanto em relação ao documento público quanto ao particular cessará a sua fé ao ser judicialmente declarada a falsidade (CPC, art. 427, *caput*), que consistirá em: a) formar documento não verdadeiro; ou b) alterar documento verdadeiro.

Doutrinariamente, como vimos, separa-se a falsidade material da ideológica: a primeira se caracteriza com o elaborar ou utilizar documento falso, ou com o adulterar, suprimir ou ocultar documento verdadeiro; a segunda diz respeito ao conteúdo do documento, motivo por que também é denominada de falsidade intelectual.

Para obter um pronunciamento jurisdicional acerca da autenticidade ou da falsidade de documento poderá a parte valer-se da ação declaratória (CPC, art. 19, II), ou suscitar o incidente de falsidade (CPC, arts. 430 a 433), conforme seja a hipótese.

A arguição *incidenter tantum* de falsidade de documento apenas poderá ter como objeto a material, a única que pode ser destinatária de exame pericial (CPC, art. 432, *caput*). A falsidade ideológica (derivante, quase sempre, de simulação, erro etc.) pode ser demonstrada pelos meios ordinários de prova, inclusive o testemunhal.

6.4.3. Testemunhal

Os diversos sistemas processuais cometem às testemunhas — notadamente as *in facto* ou históricas — o dever de relatar, em juízo, com o máximo de fidelidade, os fatos que ficaram retidos em sua memória e que interessam à causa.

Nem sempre, todavia, se verifica a desejável conformidade entre os fatos e o resultado da manifestação das percepções sensórias das testemunhas; de modo geral, podem ser classificadas em três ordens as causas desse descompasso, importa dizer, da inverdade das declarações por elas prestadas: a) intenção deliberada de falsear a verdade; b) firmeza com que os fatos controvertidos são narrados, embora a testemunha não tivesse certeza quanto à verdade dos mesmos; c) suposição de que as suas declarações eram, efetivamente, verdadeiras.

Nesse último caso, a deflexão da verdade poderá ter origem na denominada "memória falsa", que para ser mais bem compreendida, requer uma pequena incursão pelos domínios da psicologia individual.

A lembrança, ou o fato de memória, pressupõe cinco condições: a) a fixação; b) a conservação; c) a revogação da lembrança; d) o reconhecimento; e) a localização dos estados de consciência passados[(31)]. Daí por que os fatos que tenham sido mal fixados, do ponto de vista fisiológico, pela pouca elasticidade dos tecidos nervosos, ou mesmo sob o aspecto psicológico, pelo pouco interesse que despertaram na pessoa (observador, ouvinte), acabam não sendo lembrados; quando não, o são de maneira imperfeita, máxime se entre a fixação (a) e a renovação (c) decorreu largo período de tempo.

A sentença, que se houver baseado em prova testemunhal falsa, é rescindível.

Bueno Vidigal sustenta que a rescisória, calcada em falsidade da prova, somente seria admissível se não tiverem sido apreciados pela decisão rescindenda os motivos de suspeita da falsidade[(32)]. Desse entendimento discrepa, com razão, Pontes de Miranda: "Que a falsidade tenha sido alegada, durante a ação privativa, cuja sentença se quer rescindir, ou que tenha sido descoberta após a prolação da sentença, não importa para a rescisão. Nenhuma lei cogita disso"[(33)].

Com efeito, em nenhum momento o inc. VI, do art. 966, do CPC exige, para o cabimento da rescisória, que não tenha sido suscitada, perante o órgão de proferimento da sentença rescindenda, a questão da falsidade, do mesmo modo como não exige que o interessado não tenha podido suscitá-la no juízo primitivo.

O que importa, pois, para o exercício da pretensão rescisória, é que haja prova inequívoca do falso testemunho, sendo despiciendo o fato de a parte interessada não haver suscitado essa questão no juízo emissor da sentença rescindenda (pressupondo-se que tinha conhecimento da falsidade dessa prova, àquela época).

6.4.4. Pericial

Determinados fatos da vida somente podem ser percebidos e interpretados, adequadamente, por pessoas que possuam certos conhecimentos técnicos ou científicos: os peritos.

---

(31) Baudin, "Psychologie", 5. ed., apud Raphael Cirigliano. *Prova civil*. São Paulo: Revista dos Tribunais, 1979. p. 269/270.
(32) Ob. cit., p. 136.
(33) Ob. cit., p. 307/308.

A perícia visa não apenas à verificação de tais fatos, mas também à sua apreciação pelo experto; o laudo pericial, por isso, contém um parecer acerca dos fatos constatados e interpretados tecnicamente, por quem possua habilitação profissional para fazê-lo.

De nada valeria, *e.g.*, o juiz proceder a uma inspeção de pessoas ou coisas (CPC, art. 481) se os fatos com elas relacionados não pudessem ser captados por suas faculdades sensórias; ainda que, eventualmente, o juiz possuísse conhecimentos técnicos sobre o assunto, não lhe seria permitido agir como perito, porquanto estaria, na realidade, declinando de seu ontológico dever de neutralidade (CPC, art. 139, I). Esses conhecimentos técnicos ou científicos o juiz poderia utilizar na apreciação do laudo, a fim de convencer-se, ou não, do acerto quanto à conclusão a que chegou o perito. A possibilidade de o juiz atuar como se perito fosse está, aliás, renteada pelo art. 156 do CPC, ao declarar que **"O juiz será assistido por perito quando a prova do fato depender de conhecimento técnico ou científico"** (destacamos).

Ao apreciar o laudo, o juiz não julga os fatos em sua essência, mas apenas o resultado da investigação realizada pelo perito; este surge, pois, como uma espécie de tradutor especializado de tais fatos. Daí a razão de falar-se na doutrina, em perito percepiente, ou seja, aquele cuja função é a de substituir o juiz na percepção dos fatos — em sentido oposto ao perito judicante, que se destina a indicar ao juiz as regras de experiência ou a aplicá-las; nesta última função, o perito subministra assistência ao magistrado, a quem incumbirá constatar, de maneira pessoal, os fatos, como se dá na inspeção judicial (CPC, art. 482).

Em sede de ação rescisória, a falsidade da prova pericial não está restrita ao reconhecimento do falso (em virtude do laudo pericial) "e sim qualquer dos laudos dos assistentes técnicos, bastando que o juiz haja formado sua convicção com elementos constantes dos trabalhos técnicos dos assistentes"(34).

6.5. Juízo de apuração da falsidade

Dispõe o inc. VI, do art. 966, do CPC que a falsidade da prova poderá ser apurada em processo criminal ou provada na própria ação rescisória. Em rigor, essa prova poderá ser também produzida no juízo civil (ou trabalhista) que não seja o da rescisória.

Há, pois, três juízos em que a falsidade da prova pode ser demonstrada; sobre eles, agora discorremos.

6.5.1. Juízo criminal

Se a sentença criminal houver: 1) declarado a falsidade da prova; ou b) negado que a prova seja falsa (previamente ao ingresso da rescisória no

---

(34) Luís Eulálio de Bueno Vidigal, ob. cit., p. 145.

juízo civil), essa sentença repercutirá diretamente e em caráter definitivo na rescisória, dispensando o autor em face disso de produzir prova, perante este juízo, quanto à falsidade da prova, ou o réu de comprovar a autenticidade, segundo seja a hipótese.

Estamos cogitando aqui de a sentença criminal haver passado em julgado; caso ela ainda penda de recurso, quer nos parecer que o autor deverá provar, na ação rescisória, a falsidade alegada, embora entendamos ser lícito ao relator da rescisória sobrestar o andamento do processo, até que o recurso criminal seja julgado (CPC, art. 315, *caput*). A não se reconhecer essa faculdade ao relator, poderiam ocorrer decisões conflitantes (do juízo criminal e do juízo civil) sobre o mesmo fato, com desagradáveis repercussões no prestígio dos pronunciamentos jurisdicionais.

De igual maneira, aceitamos a possibilidade de o relator da rescisória suspender o processo até que o juízo criminal de primeiro grau se manifeste a respeito da falsidade, ou não, da prova, com fundamento no precitado art. 315, do estatuto processual civil.

Dissemos que se a sentença criminal houver declarado a falsidade da prova, o autor estará dispensado, na rescisória, de produzir prova quanto a essa falsidade. Isso não significa, entretanto, que ele esteja liberado do ônus de comprovar a existência da sentença criminal, o seu conteúdo e o consequente trânsito em julgado. No que toca ao réu, é elementar que lhe será defeso discutir o merecimento da sentença criminal — por força da *res iudicata* —, nada obstante possa alegar (e comprovar), p. ex., que a sentença rescindenda não se baseou na prova que o juízo criminal afirmou ser falsa.

Como sublinha Frederico Marques, a falsidade, quando apurada no juízo criminal, deve estar consubstanciada em sentença lançada em processo condenatório, em revisão criminal ou em outra sentença definitiva, arrematando que "Se a declaração de falsidade provém do incidente de igual nome (Código de Processo Penal, art. 145), cumpre que se corrobore a prova de falsidade no curso da rescisória, como se infere do disposto no art. 148 do Código de Processo Penal"[(35)].

Mais algumas observações se impõem, a respeito do tema *sub examen*:

1) É absolutamente desnecessário que a apuração da falsidade haja sido realizada em processo penal instaurado "contra" o autor da falsidade.

2) Havendo arquivamento dos autos do inquérito policial ou das peças de informação, ou se a sentença criminal declarar extinta a punibilidade, ou a

(35) Ob. cit., p. 262.

sentença absolutória disser que o fato não constitui crime (CPP, art. 67), "nenhuma influência haverá no que se relaciona com a apuração da falsidade no juízo rescindente"(36).

3) Havendo ação penal em curso, a parte interessada não está obrigada a aguardar o trânsito em julgado da correspondente sentença, para ingressar com a ação rescisória. Basta lembrar que o próprio CPC permite que a comprovação da falsidade da prova seja realizada nos autos da própria ação rescisória (inc. VI do art. 966).

De qualquer forma, seria algo injusto se o autor devesse aguardar o trânsito em julgado da sentença criminal, seja em decorrência de certos constrangimentos pessoais ou patrimoniais que a sentença rescindível estivesse a acarretar-lhe, seja em virtude do prazo decadencial de dois anos, para o exercício da rescisória, que se poderia expirar sem que a sentença criminal houvesse passado em julgado. Procurando contornar semelhantes situações de injustiça, Pontes de Miranda opina que o prazo de dois anos, fixado pelo art. 975 do CPC, somente começa a fluir do dia em que transitou em julgado a sentença criminal declarativa da falsidade, "salvo se ocorreu antes do trânsito em julgado da sentença cível"(37). Não concordamos com isso. Em primeiro lugar, o critério sugerido pelo notável jurista não afasta a situação de constrangimento pessoal ou patrimonial do interessado na rescisória — a que há pouco nos referimos —; em segundo, esse critério colide, de certo modo, com o inc. VI, do art. 966, do CPC, que, como tantas vezes assinalamos, permite comprovar a falsidade da prova (em que se baseou a sentença rescindenda) nos autos da própria rescisória.

Indaga Sérgio Rizzi se tendo sido ajuizada ação rescisória que tenha como núcleo a falsidade de prova que está sendo também objeto de ação penal e vindo a ocorrer o trânsito em julgado da sentença criminal (declarando a falsidade), antes da fase de instrução da rescisória, o autor estaria dispensado de produzir a prova a que se propôs, ou, ao contrário, deveria, mesmo assim, produzi-la?(38). O mesmo pensador responde, acertadamente, que o autor poderia abster-se de provar o que alegara na inicial(39).

Com efeito, como asseveramos no início desse item, a sentença criminal transitada em julgado — qualquer que seja o seu resultado — tem repercussão direta e definitiva no juízo rescisório; pouco importa que ao tempo em que a ação rescisória foi aforada a sentença criminal nem sequer houvesse sido proferida: assim que o for e revestir-se da autoridade de coisa julgada material, a

(36) Ob. cit., p. 149.
(37) Ob. cit., p. 150.
(38) Ob. cit., p. 323.
(39) *Idem, ibidem.*

sua inflexão no plano da rescisória será inevitável. Dá-se aí uma vinculação do juízo rescisório ao juízo criminal — vinculação que não envolve submissão deste àquele, e, sim, respeito à coisa julgada.

Essa influência da sentença penal declaratória da falsidade — passada em julgado — ocorreria ainda que a instrução relativa à rescisória estivesse concluída; é óbvio que não se poderia cogitar dessa influência na hipótese de a sentença rescindente já houver sido emitida, ou *a fortiori*, já se encontrasse submetida ao fenômeno da *res iudicata* material.

6.5.2. Juízo civil

Estatui o inc. VI, do art. 966, do CPC que a falsidade da prova pode ser apurada em processo criminal ou provada na própria ação rescisória. Deve-se interpretar essa disposição legal como excludente da possibilidade de o falso ser comprovado em processo civil, que não seja o da ação rescisória?

Certamente que não.

Se, por exemplo, transitar em julgado sentença civil declaratória da falsidade de um documento, é indiscutível que o interessado poderá, com base nela, ingressar com a rescisória para desconstituir a sentença que se fundou na prova falsa. Seria verdadeiramente absurdo negar-se essa possibilidade, sob o argumento simplista de que o precitado inciso do art. 966 não a prevê. Ora, é curial que houve, aí, inadvertência do legislador, pois não se concebe que uma sentença passada em julgado, que haja pronunciado a falsidade de certo documento, não possa render ensejo ao exercício de uma pretensão rescisória.

Não podemos ignorar que o respeito à coisa julgada constitui, em nosso sistema, uma garantia constitucional (art. 5º, XXXVI); sendo assim, a rejeitar-se que a sentença civil declaratória de falsidade possa valer como fundamento para o ajuizamento de ação rescisória estar-se-ia, antes de mais nada, desrespeitando a referida garantia constitucional, pois uma tal sentença seria algo que corresponderia a simples preceito, com ser destituída de qualquer autoridade. O que estamos a afirmar é a necessidade de o juízo da rescisória subordinar-se ao império da *res iudicata*, em cujo âmago se abriga uma declaração de falsidade de certo meio probante.

Discordamos, por isso, de Pontes de Miranda, quando diz que admitir-se a rescisória estribada em sentença civil passada em julgado (declarativa da falsidade de documento, e.g.) "seria criar o intérprete outro caso de rescisão por falsa prova, fora, portanto, da letra do art. 485, VI..."(40). O jurista se referia ao CPC de 1973; o inciso VI do art. 485 passou a ser o VI do art. 966, no CPC de

---

(40) Ob. cit., p. 325.

2015. *Data venia*, inferência nesse sentido é produto de um legismo estrábico, que pretende colocar o senso literal da norma acima da própria Constituição — onde, como acentuamos, se encontra soberanamente insculpido o princípio-garantia do acatamento à coisa julgada. Demais disso, é ilógico concluir-se — com obstinado apego à expressão literal do inc. VI do art. 966 — que somente a sentença criminal possa constituir ponto de apoio para a rescindibilidade da sentença calcada em falsa prova, negando-se essa aptidão à sentença civil declaratória da falsidade.

Para esse fim, é irrelevante se se cuida de sentença civil proferida entre partes que são as mesmas na rescisória, ou entre partes distintas: os efeitos do pronunciamento jurisdicional passado em julgado são *erga omnes*.

Em sentido inverso, se a sentença civil declarou ser autêntico o documento, ficará prejudicado o exercício da pretensão rescisória baseada na falsidade do mesmo documento. Para que a rescisória seja viável, nesse caso (e mesmo quando a sentença reconhecer a falsidade do documento), torna-se imprescindível que dita sentença seja desconstituída, para que, apenas depois disso, o interessado possa ingressar com a rescisória.

Devemos entender, portanto, que o inc. VI do art. 966 não limita a rescisória às hipóteses de falsidade demonstrada no juízo criminal ou no próprio juízo rescindente, sendo perfeitamente cabível também a hipótese de falsidade pronunciada por sentença civil proferida em processo diverso daquele em que se processa a rescisória, sob pena, como advertimos, de atrevida ofensa ao texto e aos princípios constitucionais.

Sérgio Rizzi perfilha o mesmo ponto de vista: "inobstante o art. 966, VI, do Código, não se refira à decisão civil que apure a falsidade material do documento em processo autônomo de ação declaratória (art. 19, II), ou em processo de incidente de falsidade no curso de outro feito (art. 433), desde que transitada em julgado, pode servir de fundamento à ação rescisória, porque a autoridade da coisa julgada cria para o juízo rescindente um vínculo que o impede de rejulgar o mesmo fato, reafirmando a falsidade do documento ou declarando a sua autenticidade"[41]. Só um reparo às palavras do eminente jurista: há pleonasmo vicioso na sua expressão "processo de incidente de falsidade instaurado no curso de outro feito", porquanto o caráter incidental do processo de falsidade advém, por definição, de haver sido suscitado no curso de outro processo.

6.5.3. Juízo rescisório

Caso a falsidade da prova não tenha sido apurada em processo criminal ou em processo civil anterior, poderá sê-lo na própria ação rescisória, como faculta o tantas vezes citado inc. VI, do art. 966, do CPC.

---

(41) Ob. cit., p. 153.

É oportuno lembrar que, por força da Lei n. 70, de 20.8.1947, o CPC de 1939 aludia à falsidade "inequivocamente apurada na própria ação rescisória" (art. 798, II). Com grande descortino jurídico e linguístico, entretanto, o Senado Federal, mediante a Emenda n. 390 ao Projeto do atual Estatuto Processual Civil, eliminou o advérbio **inequivocadamente**, por ser desnecessário à intelecção perfeita do texto.

Havendo conveniência, o relator da rescisória poderá delegar competência ao juízo de primeiro grau para produzir a prova da falsidade alegada, assinando a este prazo que variará de um a três meses (CPC, art. 972). Essa atribuição de competência tópica não subtrai, como é evidente, o ônus da prova do autor, a quem incumbirá comprovar a falsidade do meio provativo em que se fundou a sentença rescindenda (CLT, art. 818).

Em alguns casos, a prova da falsidade poderá ser produzida no próprio tribunal, perante o relator, como ocorrerá se se tratar de falsidade material de documento, desde que, é certo, o tribunal possua um setor de perícias apto à realização do necessário exame técnico. Nunca é inútil destacar que unicamente a falsidade material propiciará a feitura de exame pericial (grafotécnico), na medida em que a ideológica (ou intelectual,) pode ser demonstrada por outros meios de prova (testemunhal, documental, confissão).

O julgamento feito pelo *rescindens iudicium* não se submete ao fenômeno da coisa julgada material: serve, apenas como fundamento para a pronúncia a ser realizada pelo *iudicium rescissorium* acerca dos pedidos formulados pelo autor.

Havendo diversos pedidos, e o tribunal entender que a falsidade somente afeta a parte desses pedidos, tem-se uma situação de característica rescisão parcial do julgado, pois as demais partes da sentença rescindenda, que se basearam em provas declaradas autênticas, não são contaminadas pelo falso reconhecido pelo acórdão rescisório.

7. Prova nova (CPC, art. 966, VII)

7.1. Introdução

No regime do Regulamento Imperial n. 737 permitia-se o oferecimento de embargos infringentes do julgado, na execução, "com prova produzida incontinenti, sendo opostos pelo executado com documentos havidos ou obtidos depois da sentença" (arts. 577, § 8º, n. 3 e 579, § 4º, n. 3).

O CPC de 1939 nenhuma importância atribuía ao fato de a parte conseguir, após a sentença, documento capaz de influir no resultado do julgamento.

É verdade que alguns Códigos estaduais admitiam a rescisória estribada em documentos obtidos ulteriormente ao julgamento da lide; dentre eles, destacamos o do Ceará (Lei n. 1.593, de 30.12.21), que estabelecia em seu art. 1.303, IV, ser cabível essa ação "Quando [...] o condenado obtiver documentos novos, ou dele desconhecidos na causa, ou ocultos pela parte contrária, e tais que destruam a prova que serviu de base à sentença rescindenda" (Destacamos).

7.2. Obtenção da prova

Uma interpretação subserviente à literalidade do inc. VII, do art. 966, do CPC levaria à inevitável ilação de que somente se obtida depois do proferimento da sentença é que a prova poderia ser utilizada como fulcro da ação rescisória.

Uma vez mais, porém, estamos diante de um daqueles casos em que, por ironia, a expressão meramente literal de um preceito de lei representa uma camisa de força do exato alcance de suas disposições. Realmente, se devêssemos aceitar o fato de que apenas a prova obtida após a emissão da sentença serviria de apoio à rescisória, haveríamos de conviver com situações no mínimo absurdas, reveladas pela realidade prática, como aconteceria, p. ex., na hipótese de a prova ser obtida quando os autos já se encontrassem com o juiz, para proferir a sentença: não seria admissível, mais tarde, a rescisória, sob a alegação de que a prova surgiu antes da sentença. Ora, a absurdidade de semelhante conclusão está em que, de um lado, não se teria permitido à parte juntar, digamos, um documento por encontrar-se já encerrada a fase de instrução do processo; de outro, essa juntada também não seria possível em grau de recurso, pois o documento foi obtido antes da sentença — e a Súmula n. 8 do TST somente autoriza a junção no caso de o documento ser posterior ao pronunciamento jurisdicional de que se recorre. De tal arte, na espécie em exame, o interessado: a) não poderia juntar o documento aos autos, em primeiro grau, porque a instrução estava encerrada (ou os autos se encontravam com o juiz, para o julgamento); b) não teria sucesso em sua intenção de anexá-lo à petição de recurso, porquanto, como dissemos, o documento foi conseguido antes da sentença impugnada; c) não poderia usá-lo como fundamento da ação rescisória, pelo mesmo motivo. Em suma: de nada lhe valeria o documento, pelo simples fato de haver sido obtido antes da proferição da sentença!

Como pontifica Barbosa Moreira, com base no CPC de 1973, e escudado nas lições de Andrioli, Giudiceandrea e De Stefano, a locução legal "depois da sentença" (ou seja, "posteriormente ao trânsito em julgado", nos termos do inciso VII, do art. 966, do CPC de 2015) deve ser entendida como posteriormente ao último momento de que poderia a parte valer-se do documento, no processo em que foi proferida a sentença rescindenda[42].

---

(42) Ob. cit., p. 121.

Há mais a ser esclarecido. Quando a norma processual cogita da obtenção de prova nova pelo autor (inc. VII do art. 966) não está, como se possa imaginar, se referindo à parte que figurou no polo passivo da relação jurídica processual encerrada com o proferimento da sentença rescindenda, e, sim, àquela que é autora na ação rescisória. Dessa forma, se a prova nova for obtida pelo réu (como tal qualificado na relação processual já extinta) este poderá ingressar com a ação rescisória, para tentar desconstituir a *res iudicata* que se formou contra os seus direitos e interesses.

Retomemos o assunto concernente à exegese da expressão legal "posteriormente ao trânsito em julgado", em razão de sua extraordinária relevância para o exercício da rescisória. Como afirmamos há pouco, a circunstância de a prova ser obtida antes da sentença não deve constituir embaraço ao aforamento da rescisória; o que se deve ter em mira, à conta de critério doutrinário, é o fato de a parte não ter podido fazer uso oportuno dessa prova, ou melhor, desse **meio de prova**, perante o juízo proferidor da sentença rescindenda. A locução sublinhada está, *a contrario sensu*, a indicar que se a parte não utilizou o meio de prova, no instante oportuno (por motivo juridicamente injustificável), vedada lhe estará a via rescisória, sob pena de consagrar-se convenientes artimanhas engendradas pela parte, que sonegou a prova à cognição do juízo de emissão da sentença rescindenda.

A respeito de o não uso oportuno da prova haver decorrido, ou não, de ato da parte que ingressou com a rescisória, iremos nos pronunciar no próximo item.

Por ora, reafirmemos o nosso parecer de que o bom senso doutrinário está a alvitrar que se dê uma interpretação extensiva ao inc. VII, do art. 966, do CPC, com vistas a possibilitar o exercício de uma pretensão rescisória baseada em prova conseguida antes ou depois da sentença rescindenda, contanto que a parte demonstre não ter podido usá-la no momento apropriado, ou seja, na fase de instrução do processo anterior.

7.3. Não influência da vontade do autor

Em nome do conteúdo ético do processo, como método estatal de solução dos conflitos de interesses, as partes se encontram jungidas a um dever de lealdade e boa-fé (CPC, art. 77) Desse modo, não se admite, *e.g.*, que o autor — por algum motivo ardiloso —, deixe de juntar aos autos determinado documento importante para a composição da lide, para vir, mais tarde, produzir essa prova no juízo rescisório. Quanto a ser-lhe vedada essa prática, parece não haver dúvida.

A mesma solução deve ser dada à parte que deixa de juntar o documento, no juízo de origem, não por deslealdade, e, sim, por mera negligência?

Entendemos que sim.

Se a parte possuía o documento, mas deixou de juntá-lo aos autos no prazo fixado pelo juiz (ou, em sentido mais amplo, quando a instrução ainda não se achava encerrada), por motivo que lhe possa ser irrogado (esquecimento, contagem equivocada do prazo etc.), parece-nos evidente que esse documento não poderá servir de fundamento para a ação rescisória, sob pena de criar-se perigoso estímulo à negligência processual. Ainda que o documento se encontrasse em poder de terceiro, isso não poderia constituir razão para que, mais tarde, servisse de base à ação rescisória: a parte poderia ter exigido a exibição do documento mediante a utilização do procedimento previsto nos arts. 396 a 404, do CPC) . Logo, se não obteve o documento, para efeito de instruir a petição inicial, ajuizada em primeiro grau de jurisdição, esse fato deve ser debitado a uma sua incúria ou ignorância. É o quanto basta para tolher-lhe a possibilidade de, vindo a consegui-lo posteriormente, erigi-lo em fundamento da ação rescisória.

Cremos que uma regra doutrinária deve ser agora enunciada a respeito desse assunto: sempre que o interessado deixar de produzir a prova documental nos autos do processo primitivo, por ato que lhe possa ser imputado, o documento, obtido tempos depois, não deve ser admitido como fulcro da ação rescisória; se, em sentido inverso, a não juntada do documento deveu-se a fato que não possa ser assacado (motivo de força maior; subtração do documento pela parte adversa etc.) à parte, esta poderá, obtendo-o depois, usá-lo como supedâneo da ação rescisória.

Na precisa advertência de Sérgio Rizzi, se fosse facultado ao autor da rescisória produzir o documento no juízo rescindente, mesmo quando, por culpa sua, deixou de fazê-lo no processo em que foi proferida a sentença rescindenda, "estaria criado um expediente fácil e artificioso de ataque à coisa julgada"(43).

Em rigor, essa atitude da parte encobre algo mais do que o objetivo de arrostar a coisa julgada, pois antes de mais nada estará empreendendo esse ataque à *res iudicata* fundada em um ato a que ela própria deu causa.

O critério, que estamos a sugerir, com relação à produção de prova documental no juízo rescindente, quando a parte tenha deixado de realizá-la no juízo de origem da sentença rescindenda, não é arbitrário nem cerebrino. Em primeiro lugar, decorre da preocupação de evitar que a parte acabe se beneficiando, mais tarde, de um ato culposo ou negligente, por ela praticado; em segundo, essa ausência de culpa do litigante está insinuada nas expressões "cuja existência ignorava" e "de que não pôde fazer uso", constantes do inc. VII, do art. 485, do CPC.

Não fosse intenção do legislador ressalvar os casos em que o documento deixou de ser produzido no juízo anterior por ausência de culpa da parte, por que motivo teria empregado as precipitadas locuções ao redigir essa norma processual?

---

(43) Ob. cit., p. 180-181.

Ainda que ditas ressalvas não estivessem presentes no inciso em questão, nada recomendaria abandonar-se o critério de vincular-se a faculdade de produzir prova documental no juízo rescindente desde que a parte não a tenha podido produzir no juízo de proferimento da sentença rescindenda.

7.4. Prova nova

Fala o inc. VII, do art. 966, do CPC em **prova nova**; em quê consiste, todavia, essa novidade?

Busquemos a resposta sob a perspectiva da **prova documental**, por ser a de maior ocorrência em tema de ação rescisória. Tanto isso é certo, que o CPC de 1973 fazia referência exclusiva a **documento** novo (art. 485, VII).

Para José Alberto dos Reis "A novidade do documento há de referir-se ao processo anterior; o documento é novo, no sentido de que não foi produzido no processo de que emanou a sentença cuja revisão se requer"(44).

A definição apresentada pelo insigne jurista, embora esteja correta, não elucida certos aspectos obscuros da disciplina. **Documento novo** não é, necessariamente, aquele que se formou após a sentença rescindenda, mas, sim, todo aquele que, a despeito de já existir ao tempo em que se encontrava em curso o processo anterior, não foi juntado pela parte, em virtude da impossibilidade de consegui-lo ou mesmo de ignorar a sua existência.

Exatamente por isso é que cabe a crítica à expressão legal "prova nova", porquanto a novidade, aí, concerne, verdadeiramente, não à prova, considerada em si mesma, e ao conhecimento quanto à sua existência ou localização.

Alguns escritores, como Sérgio Rizzi, opinam que apenas em casos excepcionais se deve admitir como nova a prova constituída após a prolação da sentença rescindenda, "porque, ao contrário, integraria os extremos de um fato superveniente, para ser feito valer em sede de execução ou noutro processo de conhecimento, não em ação rescisória"(45).

Não estamos propensos a adotar essa lição — ao menos no plano do processo do trabalho.

Digamos, p. ex., que o autor haja pedido a sua reintegração no emprego, sob a alegação de possuir estabilidade concedida por ato do empregador; não provando o fato afirmado, o autor vê a sentença rechaçar a sua pretensão. Ulteriormente, no entanto, o empregador produz um documento, no qual reconhece que o empregado (autor) possuía a estabilidade alegada em juízo e por este

(44) *Apud* Barbosa Moreira, ob. cit., p. 133/134, nota 152.
(45) Ob. cit. p. 178.

repelida por falta de prova. Conquanto esse documento não existisse ao tempo em que foi proferida a sentença, nada impede que o empregado, com base nele, ingresse com a ação rescisória a fim de obter do *iudicium rescindens* o desfazimento da sentença e do *rescissorium* a declaração do seu direito à estabilidade no emprego.

Temos aqui um dos casos — não raros — em que a rescisória trabalhista se fundaria em documento formado (= constituído) depois do proferimento da sentença rescindenda.

A nosso ver, para os efeitos da ação rescisória é despicienda a circunstância de o documento — em que ela se apóia — haver sido constituído antes ou depois da sentença rescindenda: o que realmente importa é o fato de que o autor não o juntou aos autos pertinentes ao processo anterior por motivos que não lhe podem ser legitimamente imputados, vale dizer, sem que isso houvesse derivado de culpa sua.

Ainda, pois, que se trate de documento particular, não se deve recusar — generalizadamente — a sua utilização como fundamento da rescisória pelo simples fato de a sua existência ser posterior à da sentença rescindenda.

De modo geral, a jurisprudência entende como novo, para efeito de exercício da ação rescisória, somente o documento que preexistia à decisão rescindenda. Veja-se a Súmula n. 402, do TST: "AÇÃO RESCISÓRIA. DOCUMENTO NOVO. DISSÍDIO COLETIVO. SENTENÇA NORMATIVA (conversão da Orientação Jurisprudencial n. 20 da SBDI-2) - Res. 137/2005, DJ 22, 23 e 24.08.2005

Documento novo é o cronologicamente velho, já existente ao tempo da decisão rescindenda, mas ignorado pelo interessado ou de impossível utilização, à época, no processo. Não é documento novo apto a viabilizar a desconstituição de julgado:

a) sentença normativa proferida ou transitada em julgado posteriormente à sentença rescindenda;

b) sentença normativa preexistente à sentença rescindenda, mas não exibida no processo principal, em virtude de negligência da parte, quando podia e deveria louvar-se de documento já existente e não ignorado quando emitida a decisão rescindenda (ex-OJ n. 20 da SBDI-2 - inserida em 20.09.2000).

7.5. Pertinência com o fato alegado

A "prova nova" deve estar relacionada com o fato alegado no juízo anterior e com o que se pretende provar no rescindente. Se o réu alega, *e.g.*, pagamento, mas não consegue produzir prova (documental: CLT, art. 464) nesse sentido, vindo a obter o necessário documento após o trânsito em julgado da sentença (condenatória, por suposto) poderá, com espeque nele, aforar a rescisória, porquanto esse documento guarda pertinência com o fato afirmado no juízo anterior (pagamento).

Na hipótese, contudo, de o réu haver requerido, na contestação, compensação quanto à parte dos valores que viessem a ser reconhecidos em prol do autor (CLT, art. 767), mas não prove os fatos que originariam seu direito à compensação pretendida, é certo que a sentença não acolheria o seu pedido; vindo o réu, depois do trânsito em julgado dessa, a obter documento comprobatório do pagamento integral das quantias que a sentença deferiu ao autor (documento que inexistia à época em que a decisão rescindenda foi proferida), essa novidade em nada o beneficiaria, uma vez que na contestação requerera compensação e agora, em sede rescisória, está a alegar pagamento, como fator de extinção da obrigação.

O essencial a assinalar-se, todavia, é o princípio (ou requisito) de que o documento pelo qual se busca comprovar o fato afirmado na rescisória deve manter absoluta relação com o fato alegado no juízo anterior, sob pena de a rescisória nada mais representar do que sub-reptícia tentativa de ofensa à coisa julgada.

7.6. Decisão favorável

Para que a prova nova seja apta a motivar o exercício da ação rescisória — com apoio no inc. VII do art. 966 do CPC — não é suficiente que: a) o autor a tenha obtido após a prolação da sentença rescindenda; b) a sua não utilização oportuna, no juízo anterior, não tenha decorrido de culpa do autor; c) seja "nova"; d) tenha pertinência com os fatos alegados: impõe-se, ainda, que seja capaz, por si só, de assegurar um pronunciamento favorável ao autor (CPC, *ibidem*).

A exigência é lógica: se se tratar de documento destituído de aptidão para modificar o resultado do julgamento, tornando-o favorável ao autor, é elementar que nenhuma importância ele possuirá, daí por que a pretensão rescisória deverá ser repelida.

Não se quer com isso dizer que a prova nova deve provocar uma alteração radical no resultado do julgamento, ou seja, que por força dele o autor, outrora vencido, agora se torne vencedor na causa. Embora isso possa ocorrer em muitos casos, o que se deve considerar é a possibilidade de essa prova acarretar a modificação do julgado quanto a um ou alguns dos pedidos formulados perante o juízo emitente da sentença rescindenda. Isso é algo frequente no processo do trabalho, em que as iniciais contêm diversos pedidos. Se o autor pediu aviso prévio, indenização, horas extras e adicional noturno e a sentença lhe rechaçou todos esses pedidos, ele poderá rescindi-la somente na parte relativa, digamos, ao aviso prévio e à indenização, caso venha a obter documento "novo", pelo qual comprove haver sido demitido sem justa causa legal. O fundamental é que o documento seja capaz ("por si só", como expressa a lei) de propiciar-lhe uma decisão favorável, no que tange aos fatos a que se refere.

Se a prova não for provida dessa aptidão, o processo da rescisória deverá ser extinto, sem exame do mérito, por ser o autor carecente da ação, em virtude de sua manifesta falta de interesse de agir em juízo.

Em que pese à particularidade de o Código permitir que, em princípio, o autor prove, na própria rescisória, os fatos em que ela se baseia, estamos convencidos de que, quanto à prova documental, especificamente, a soberania da regra estampada no art. 787 da CLT, conforme a qual "A reclamação (*sic*) escrita deverá ser formulada em duas vias e desde logo acompanhada dos documentos em que se fundar" (destacamos), regra que é igualmente adotada pelo processo civil, no art. 320: "**A petição inicial será instruída com os documentos indispensáveis à propositura da ação**" (realçamos), e reiterada pelo art. 434 do mesmo estatuto processual.

Antecipemo-nos à crítica para esclarecer que a nossa opinião, no particular, não dispensa a incidência da norma de temperamento inserida no art. 321, *caput* do CPC. Dessa forma, se o relator verificar que a inicial não se fez acompanhar de documento indispensável ao ajuizamento da demanda, deverá conceder ao autor o prazo de quinze dias para que a falta seja suprida; não sendo atendido o despacho, aquela será indeferida (*ibidem*, parágrafo único).

Não se pode aceitar, portanto, que o autor pretenda produzir a prova documental nos autos da própria rescisória, ainda que sob a forma de exibição incidental, no caso de o documento encontrar-se em poder da parte contrária ou de terceiro. Se o documento existe, mas o autor não o possui, que cuide de obtê-lo via procedimento traçado pelos arts. 396 a 404, do CPC, perante o próprio tribunal a que competir o julgamento da rescisória, pois o juízo de proferimento da sentença rescindenda será incompetente para isso.

No mais, mesmo em sede rescisória atua o art. 830 da CLT.

7.7. Confissão, desistência e transação

O CPC de 1973 previa o exercício da ação rescisória sempre que houvesse "fundamento para invalidar confissão, desistência ou transação, em que se baseou a sentença" (art. 485, VIII).

O CPC de 2015, todavia, eliminou essa causa de desconstituição da coisa julgada. No sistema deste Código, a confissão, a desistência e a transação devem ser objeto de ação anulatória (art. 966, § 4º). É interessante observar que o atual CPC veio, assim, dar cobro: a) à discussão doutrinária, estabelecida na vigência do CPC de 1973, sobre se seria cabível ação rescisória ou ação anulatória, no caso de sentença homologatória de **transação**; b) à dicotomia estabelecida pelo art. 352, também do CPC de 1973, relativamente à **confissão**, segundo o qual ela poderia ser revogada: 1) por ação **anulatória**, se pendente o processo em que foi feita (I); b) por ação ***rescisória***, depois de transitada em julgado a setença, da qual constituía o único fundamento (II).

Perguntamos, entretanto: se, depois de transitada em julgado determinada decisão de mérito, uma das partes tiver acesso à confissão feita pelo adversário, ainda ao tempo em que a mencionada decisão não havia sido proferida, ele deverá, agora, ingressar com ação anulatória, com fundamento no § 4º, do art. 966, do CPC, ou com ação rescisória, alicerçado no inciso VII, do mesmo dispositivo legal? Entendemos que o caso seria de ação rescisória, pois embora tivesse havido confissão, esta constava de documento, ou seja, de prova – **prova nova**, para sermos mais exatos.

A despeito de o CPC de 2015 haver, como dissemos, eliminado a confissão, a desistência e a transação como causas para o exercício da ação rescisória, manteremos, nesta edição, as considerações que fizemos nas edições anteriores, para efeito histórico, e, até mesmo, de subsídio para o uso da ação anulatória. Adaptaremos o nosso texto, quando necessário, às disposições do CPC de 2015.

O nosso direito anterior era omisso em relação à matéria; o uso da rescisória para invalidar confissão, desistência ou transação constituiu, pois, inovação do Código de Processo Civil de 1973. O inc. VIII do art. 485, daquele Código, se referia à existência de "fundamento para invalidar confissão, desistência ou transação, em que se baseou a sentença".

7.7.1. Confissão

Sempre que uma das partes admitir a verdade de um fato contrário aos seus interesses configura-se, na ordem processual, a confissão (CPC, art. 389).

Essa nota característica da confissão levou a *communis opinio doctorum* a elegê-la como a "rainha das provas" (*regina probationum*) e a proclamar que não existe prova maior do que a confissão pela própria boca (*nulla est maior probatio quam proprio ore confessio*), porquanto confessar em juízo é o mesmo que se condenar (*confessus in iure pro condemnato habitur*).

O conceito legal de confissão foi tomado à doutrina de Chiovenda (*Principios de Derecho Procesal Civil*, tomo II, pág. 291), de acordo com a qual "*La confesión es la declaración que hace una parte de la verdad de los hechos afirmados por el adversario y favorable a éste*". Rigor à frente, porém, o conceito chiovendiano está a merecer um pequeno reparo, pois não é inteiramente aplicável à denominada *ficta confessio*, onde não existe uma declaração da parte (confitente), sendo a verdade dos fatos presumida em virtude do silêncio daquela.

Boa parte da doutrina tem sido escrava do equívoco inveterado de considerar a confissão como "pena"; ela nada mais representa do que um reconhecimento (tácito ou expresso) da veracidade dos fatos alegados pela parte adversa. Mesmo no caso da *ficta confessio* não se deve cogitar de "pena", pois essa confissão presumida apenas traduz uma regra de ordem prática, adotada por alguns sistemas processuais (como o trabalhista e o civilista) para superar, objetivamente, as dificuldades derivantes da ausência injustificada de um dos contendores à audiência em que seria interrogado.

No processo do trabalho, as partes estão presas ao dever de comparecimento a juízo (CLT, art. 843, *caput*), inexistindo, quanto a isso, qualquer obrigação; logo, quando uma delas quebra esse dever, não se pode pensar em "pena" (confissão), pois esta somente se liga às obrigações. Convém realçar que o vocábulo pena, na terminologia jurídica, designa, em geral, qualquer tipo de "imposição, de castigo ou de aflição, a que se submete a pessoa por qualquer espécie de falta cometida"(*Caldas Aulete*, ob. cit., pág. 1.138), razão por que atribuir-se à confissão o caráter de castigo (pena) implica utilização inadequada do termo.

Pontes de Miranda também reconhece que "Pena, propriamente dita, não há mais; há a cominação" (destacamos)[(46)].

Em nome do rigor científico, portanto, anatematize-se para sempre o emprego da locução "pena de confissão".

Podem ser identificados na confissão três elementos, que se acham intimamente interligados: a) o objetivo; b) o subjetivo; e c) o intencional — que dizem respeito ao seu objeto, ao seu sujeito e à intenção, respectivamente.

a) Elemento objetivo

O objeto da confissão são os fatos desfavoráveis ao confitente e favoráveis ao adversário; é óbvio que tais fatos, para serem alcançados pela confissão, devem ter sido alegados pela parte a quem ela aproveita.

Moacyr Amaral Santos relaciona como condições para que o fato possa ser confessado, as seguintes[(47)]:

1. Que seja própria e pessoal do confitente, vale dizer, se o fato se referisse a terceiro o seu reconhecimento pela parte não poderia valer como confissão, mas, sim, como testemunho.

2. Que seja favorável à parte que o invoca e desfavorável ao confitente, a significar que a confissão prejudicará apenas o confitente e não terceiros ou os demais compartes (litisconsórcio facultativo), pois os compartes e os litisconsortes são considerados, em confronto com a parte adversa, como litigantes distintos; sendo assim, os atos e omissões de um não prejudicarão os outros, embora os possam beneficiar (CPC, art. 117), exceto se se tratar de litisconsórcio do tipo unitário.

---

(46) *Comentários...*, p. 401.
(47) *Prova judiciária no cível e comercial*. São Paulo: Saraiva, 1983. vol. I. p. 382/383.

3. Que o fato seja suscetível de renúncia. A confissão só é viável se os fatos disserem respeito a direito a que o confitente poderia renunciar ou sobre ele transigir, pois a confissão concernente a direitos indisponíveis é ineficaz (CPC, art. 392). Desse modo, estará desapercebida de validade, p. ex., a confissão (ainda que feita em juízo) do empregado, no sentido de que concordou em receber salário inferior ao mínimo legal, embora cumprisse jornada normal de trabalho.

4. Que o fato seja de natureza a não exigir que sua prova se realize sob forma especial. Em determinados casos, a CLT impõe forma especial (e específica) para a comprovação do fato; citemos como exemplo o art. 464, por força do qual o pagamento de salários deve ser efetuado mediante recibo assinado pelo empregado. Segue-se, que por princípio deve ser afastado qualquer outro meio que não seja o documental, destinado a comprovar o pagamento de salários, salvo se houver, quanto a isso, confissão do empregado.

b) Elemento subjetivo

O ponto de referência, aqui, não é o fato confessado, mas a pessoa do confitente, a quem se exige possuir capacidade e legitimação. Capacidade, porque há de verificar-se se ele é capaz e maior de idade; sendo menor, a confissão, para alguns autores, é inadmissível. Pela nossa parte, todavia, entendemos que somente não possa confessar o menor de 16 anos de idade, uma vez que abaixo dessa faixa etária não se permite que trabalhe, exceto como aprendiz, a contar dos catorze anos (CF, art. 7º, XXXIII). Não estamos, com isso, revelando ignorância quanto à distinção entre capacidade para confessar e capacidade para agir: apenas estamos procurando adequar as normas do direito comum às singularidades do direito material do trabalho e à própria determinação constitucional.

Conquanto a confissão seja ato próprio da parte, a lei permite que seja feita por intermédio de representante — que, no processo do trabalho, comumente é o preposto do empregador —, desde que tenha poderes para isso (CPC, art. 390, § 1º) julgamos, contudo, que nesse processo especializado os poderes do preposto, para confessar, se encontram implícitos no art. 843, § 1º, da CLT, ao estatuir que as suas declarações (em juízo) "obrigarão o proponente".

O advogado, para confessar na qualidade de mandatário da parte, deve receber, deste, o necessário poder (CPC, art. 105), de maneira expressa, porquanto a cláusula *ad iudicia* não o compreende.

c) Elemento intencional

Vem afirmando a doutrina, em opinião praticamente uniforme[48], que a confissão pressupõe a vontade de o confitente reconhecer como verdadeiros os

---

(48) Moacyr Amaral Santos, ob. cit., p. 383; José Frederico Marques, ob. cit., p. 198; Arruda Alvim,

fatos contrários aos seus interesses, narrados pela outra parte (*animus confitendi*). Acreditamos, entretanto, que essa afirmação não pode ser feita de maneira genérica, pois se é certo que o elemento intencional preside a confissão espontânea, não menos verdadeiro é que ele está ausente na confissão provocada e na fictícia. Não concebemos como se possa sustentar, com êxito, que o *animus confitendi* se verifique nestas últimas duas modalidades, quando se sabe que, na provocada, a confissão é extraída e na fictícia, presumida; nada obstante em ambos os casos os efeitos processuais se assemelhem ao da confissão "espontânea", é notório que neles não ocorre a intenção de confessar.

A confissão pode ser judicial ou extrajudicial (CPC, art. 389).

d) Confissão judicial

Como a expressão está, didaticamente, a demonstrar, é a que se realiza em juízo. Compreende: 1. a espontânea; 2. a provocada; e 3. a fictícia.

1. Espontânea. Também dita voluntária, é a que litigante em regra efetua por meio de petição; daí por que é também designada de confissão por petição.

É necessário esclarecer-se que essa espécie de confissão não se resume à forma escrita (letrada), embora seja largamente a mais utilizada, pois petição quer dizer o ato de pedir — e isso pode ser também feito oralmente, em audiência.

A espécie de confissão em exame se aplica tanto ao autor quanto ao réu. Da confissão espontânea se lavrará um termo nos autos.

2. Provocada. É a que se origina do depoimento pessoal da parte (CPC, art. 390, § 2º).

Preferimos falar em interrogatório — e não em depoimento — das partes, no processo do trabalho, em face do caráter fortemente inquisitivo deste (CLT, arts. 765 e 848).

A "provocação" para que a parte confessa se realiza mediante perguntas formuladas pelo magistrado, pelos juízes classistas e pelo advogado do adversário — embora, em situações acidentais, a confissão acabe por ocorrer em consequência de perguntas dirigidas ao confitente por seu advogado (naqueles juízos que permitem ao advogado perguntar ao próprio constituinte).

3. Fictícia. Ao contrário da espontânea e da provocada, é a confissão não expressa, não manifestada; enfim, à qual falta o elemento de exteriorização. Sempre que a parte deixar de comparecer a juízo, para ser interrogada, ou de manifestar-se sobre fato alegado pelo adversário, tais omissões (quando

---

ob. cit., p. 311.

injustificadas) são legalmente interpretadas como confissão. Não nos parece apropriado falar-se, nesses casos, em confissão "tácita", pois em nenhum momento a parte pensou em admitir como verdadeiros os fatos contrários aos seus interesses, alegados pelo litigante oposto; o que há, isso sim, é confissão presumida (pela norma legal) — expressão que não fica comprometida (como fica a anterior) com o pressuposto da participação da vontade do confitente.

A jurisprudência trabalhista tem entendido, de maneira correta, que a confissão apta a ensejar o exercício da ação rescisória não é a "fictícia", ou presumida, e sim, a real. A Súmula n. 404, do TST, bem espelha essa posição: "AÇÃO RESCISÓRIA. FUNDAMENTO PARA INVALIDAR CONFISSÃO. CONFISSÃO FICTA. INADEQUAÇÃO DO ENQUADRAMENTO NO ART. 485, VIII, DO CPC DE 1973 **- Res. 209/2016, DEJT divulgado em 01, 02 e 03.06.2016.**

O art. 485, VIII, do CPC, de 1973, ao tratar do fundamento para invalidar a confissão como hipótese de rescindibilidade da decisão judicial, referia-se à confissão real, fruto de erro, dolo ou coação, e não à confissão *ficta* resultante de revelia.

Lembremos, apenas, que a confissão real, efetuada em juízo, se subdivide em: 1) espontânea; 2) provocada.

e) Confissão extrajudicial

O CPC prevê a confissão realizada extrajudicialmente, atribuindo-lhe a mesma eficácia da judicial, ainda que de maneira implícita (art. 389); sendo feita a terceiro, será livremente apreciada pelo juiz.

Nada obstante essa modalidade de confissão incida, em tese, no processo do trabalho, a sua admissibilidade, em concreto, deve ocorrer com muita reserva quando o confitente for o empregado; assim haverá de ser porque, quase sempre, o documento que contém a sua confissão foi obtido na vigência do contrato de trabalho, ou seja, quando o trabalhador se encontrava em um ontológico estado de sujeição à vontade do empregador. Destarte, qualquer confissão do trabalhador somente deverá ser amplamente aceita quando ocorrida em juízo, pois aqui ele poderá manifestar, com liberdade, ou seja, sem os constrangimentos, pressões e outras modalidades de injunções que, não raro, contaminam as suas confissões obtidas extrajudicialmente.

Daí vem que não apenas a confissão do trabalhador feita a terceiro deverá ser livremente examinada pelo juiz, mas de igual modo a efetuada extrajudicialmente, cabendo ao magistrado apreciá-la segundo seu prudente arbítrio.

Já a confissão extrajudicial realizada oralmente: a) deverá ser confirmada em juízo, por testemunhas extraindo-se dessa particularidade a conclusão de que ela, na verdade, se converte em prova testemunhal — o que corresponde a afirmar que, considerada em si mesmo, é de eficácia nenhuma; b) só terá eficácia nos casos em que a lei não exija prova literal (CPC, art. 394).

No que toca a incluir-se a confissão (oriunda de erro ou coação) no conceito de falsa prova (art. 966, VI) isso decorre de uma equivocada interpretação do elemento subjetivo (que examinamos em item anterior), cuja presença é exigida unicamente na confissão e não na prova falsa. Além do mais, enquanto nesta se verifica uma desconformidade entre o fato real e o fato falsamente provado, naquela há (ou pode haver) uma perfeita harmonia (= conformidade) entre um e outro: confessa-se um fato verdadeiro, mas em decorrência de algum vício (erro, dolo, coação, fraude etc.).

f) Reconhecimento do pedido

Confissão e reconhecimento do pedido constituem expressões sinônimas?

Seguramente que não.

A distinção básica que há entre essas figuras não reside, singelamente, no fato de a primeira haver sido regulada no capítulo relativo às provas (arts. 389 a 395) e a segunda, no capítulo pertinente à extinção do processo com julgamento do mérito (art. 487, II), sendo determinada, isto sim, pela inteligência doutrinária. Efetivamente, enquanto a confissão diz respeito a fatos (dos quais se origina o pedido), o reconhecimento tem como objeto o próprio pedido.

Sem razão, contudo, Sérgio Rizzi ao sustentar que "a confissão compõe o fundamento da decisão de mérito, e o reconhecimento a parte dispositiva" (realçamos)[(49)], pois este último integra também a motivação da sentença, sob pena de a sua aparição apenas no *decisum* acarretar a nulidade desse ato jurisdicional.

Não se pode igualmente asseverar, de modo generalizado, que nem sempre a confissão faz com que o juiz decida contra o confitente, porquanto se tal afirmação é verdadeira, ela não serve como critério para separar a confissão do reconhecimento sabendo-se que também em relação a este o juiz poderá decidir a favor de quem o efetuou: o réu reconhece o pedido formulado pelo autor, mas esse pedido é juridicamente impossível, ou o juízo é absolutamente incompetente para apreciar a ação.

O ponto comum, a unir a confissão ao reconhecimento, é que em ambos os casos haverá extinção do processo com exame do *meritum causae.*

g) Ação anulatória

A alusão feita à ação anulatória inspira-nos a dedicar um item específico ao assunto, para sobre ele lançarmos mais algumas considerações.

---

(49) Ob. cit., p. 160.

A ação anulatória deverá ser apreciada pelo mesmo juízo perante o qual se deu a confissão que agora se pretende revogar, dada a prevenção deste (CPC, art. 286, III), reunindo-se, em consequência, os autos, *ex vi* da conexão existente entre as respectivas causas (CPC, arts. 55, § 3º e 58, primeira parte), que, por isso, serão decididas simultaneamente (CPC, art. 58, parte final). Nesta hipótese, a ação anulatória, apesar de ser posterior à outra, será examinada em primeiro lugar, em virtude do caráter de "prejudicialidade" da matéria nela versada (desfazimento da confissão).

Caso a ação anulatória, ao ser aforada, encontre a sentença já proferida e impugnada por recurso, deve o juiz suspender o processo relativo àquela ação, até que o tribunal se pronuncie acerca do recurso. É irrelevante, para isso, que os autos, contendo o recurso, estejam ainda em primeiro grau ou já tenham sido remetidos ao órgão de revisão: a suspensão do processo de ação anulatória é medida que se imporá, a fim de evitar virtual conflito entre o que decidiriam os juízos de primeiro e de segundo graus: aquele, na anulatória; este, no recurso.

Pensamos, todavia, que se a ação anulatória ingressou quando o prazo para a interposição de recurso estava aberto, mas a parte vencida não o interpõe, ela deverá ser extinta, porquanto: a) não se admite ação anulatória de sentença passada em julgado; b) sua eventual conversão em ação rescisória seria impossível, na esfera da Justiça do Trabalho, onde a competência para julgar esta ação é originária (e exclusiva) dos tribunais. O autor deveria, na espécie trazida à baila, ser declarado carecente da ação, por faltar-lhe o indispensável interesse processual — sendo prudente registrar que a presença dessa condição da ação deve ser apurada no momento de proferir-se a sentença e não com vistas ao momento em que a parte ingressou em juízo.

7.7.2. Desistência

A desistência da ação, quando homologada pelo juiz, constitui causa de extinção do processo sem resolução do mérito CPC, art. 485, VIII). Essa decisão homologatória pode ser objeto de ação anulatória, e, não, de ação rescisória (CPC, art. 966, § 4º).

Não se confunde, porém, a desistência da ação com a renúncia ao direito em que se funda a ação. Na desistência, a parte pode exercer a (mesma) ação novamente (CPC, art. 486, *caput*). Na renúncia, não.

É elementar que o direito seja disponível, para que a renúncia seja possível. Esta poderá ser total ou parcial, exigindo-se sempre da parte capacidade para renunciar. Destaque-se ainda que a renúncia não é presumida nem pode ser tácita: impõe-se que seja manifestada por escrito, em decorrência da repercussão que provoca no direito do renunciante. No campo do direito material e processual do trabalho a renúncia deve ser encarada com acentuadas restrições, considerando-se que o princípio aqui imperante é o da irrenunciabilidade, pelo trabalhador, aos seus direitos (pouco importando a fonte de que se originaram), máxime os de natureza material. Os arts. 9º, 117 e 468, da CLT, podem ser apontados como algumas das vigas de sustentação do eficiente sistema protetivo que a lei concebeu em benefício da classe trabalhadora do nosso país.

7.7.3. Transação

Os conflitos de interesses submetidos ao conhecimento da Justiça do Trabalho são sempre sujeitos à conciliação (CLT, art. 764, *caput*), que poderá ser realizada mesmo depois de encerrado o juízo conciliatório (*ibidem*, § 3º). Com vistas ao atingimento de tal escopo medular dessa Justiça Especializada, a lei determina que o juiz formule, no mínimo em duas oportunidades, propostas tendentes à conciliação (CLT, arts. 846, *caput* e 850, *caput*, parte final).

Na vigência do CPC de 1973, estabeleceu-se acentuada cinca, nos planos da doutrina e da jurisprudência trabalhistas, a respeito de ser cabível ação anulatória ou ação rescisória da sentença homologatória de transação.

Antes de prosseguirmos, devemos dizer que a despeito de os vocábulos "conciliação" e "transação" virem sendo largamente utilizados pela doutrina e pela jurisprudência, como se sinônimos fossem, na verdade há entre eles uma linha divisória, embora tênue. A transação representa autêntico negócio jurídico bilateral, por meio do qual as partes extinguem obrigações duvidosas ou litigiosas, via concessões recíprocas; a conciliação traduz a pacificação dos espíritos, a concórdia que se estabelece entre os contendores, daí por que pode haver conciliação sem transação (hipótese mais rara) e vice-versa (hipótese mais frequente): no primeiro caso, apesar de as partes desarmarem os seus espíritos de litigiosidade, não compõem a lide mediante negócio jurídico (transação); no segundo, transacionam sem se harmonizarem em suas relações pessoais.

Pois bem. Passemos à resposta da pergunta que formulamos há pouco.

O TST acabou por inclinar-se à ação rescisória, conforme revela a Súmula n. 259:

> "TERMO DE CONCILIAÇÃO. AÇÃO RESCISÓRIA (mantida) - Res. 121/2003, DJ 19, 20 e 21.11.2003. Só por ação rescisória é impugnável o termo de conciliação previsto no parágrafo único do art. 831 da CLT". Esse sempre foi o nosso entendimento, máxime porque o parágrafo único do art. 831, da CLT, desde sempre, declarou que "No caso de conciliação, o termo que for lavrado valerá como **decisão irrecorrível**" (destacamos). Somente muitos anos depois é que se abriu, mediante lei, uma exceção a essa regra, para permitir a interposição de recurso pela Previdência Social, exclusivamente, naquilo que se refere às contribuições que lhe forem devidas. Pois bem. Os estudiosos, de modo geral, costumam afirmar que o aludido **termo transita em julgado** no exato momento em que é juntado aos autos; discordamos dessa opinião, não em sua essência, mas em seu enunciado. Ocorre que a tradicional expressão **transistar (ou passar) em julgar** pressupõe a existência de um pronunciamento jurisdicional que era recorrível, e que não foi impugnado por esse meio. No caso do art. 831, parágrafo único, da CLT, não se tem uma sentença que **passa em julgado** de imediato, e, sim, uma sentença ontologicamente **irrecorrível**, que, por isso, **produz coisa julgada, assim que é proferida**. Não há, aqui, **trânsito em julgado,** mas, sim, **coisa julgada automática**,

que é algo divderso. A praxe trabalhista, aliás, consagrou a emissão de sentença homologatórias de transação, conquanto a CLT não faça referência a isso. Podemos dizer que a sentença homologatória possui, no processo do trabalho, quando menos, duas funções: a) permitir ao juiz verificar se a transação foi realizada sem vício de consentimento, por parte do trabalhador, ou, de qualquer modo, não tenha transgredido norma de ordem pública, destinada à tutela deste; b) conceder ao credor um título executivo, para o caso de inadimplemento da obrigação assumida pelo réu, na transação.

A situação acerca do cabimento de ação anulatória ou de ação rescisória da sentença que homologa transação estava, portanto, pacificada pela Súmula n. 259, do TST. Entrementes, o CPC de 2015, em seu art. 966, § 4º, declara: "Os atos de disposição de direitos, praticados pelas partes ou por outros participantes do processo e homologados pelo juízo, bem como os atos homologatórios praticados no curso da execução, estão sujeitos à **anulação**, nos termos da lei".

Até o momento em que preparávamos esta edição do livro, o TST não havia cancelado a Súmula n. 259, ou alterado a sua redação.

Particularmente, entendemos que a sentença homologatória de transação, no âmbito do processo do trabalho, deverá continuar sendo objeto de **ação rescisória**. Justifiquemos a nossa opinião. Em primeiro lugar, no sistema do CPC de 1973, o art. 486 dispunha: "Os atos judiciais, que não dependem de sentença, ou em que esta for meramente homologatória, podem ser rescindidos, como os atos jurídicos em geral, nos termos da lei civil". A despeito de o legislador haver feito o uso equivocado do verbo **rescindir**, a doutrina do período concluiu tratar-se de **anular**. Por esse motivo, o TST não se deixou influir por esse deslize o legislador e entendeu – como nós –, que no caso do art. 831, parágrafo único, da CLT, o **termo** aí referido deveria ser desconstituído mediante ação rescisória, e não, anulatória. Em segundo, se a sentença homologatória da transação é irrecorrível, como afirma o parágrafo único do art. 831, da CLT – produzindo coisa julgada assim que é proferida e juntada aos autos –, como, fica difícil admitir a possibilidade de manejo de ação anulatória para desconstituir a *res iudicata.*

Em síntese, estamos a asseverar que o art. 966, § 4º, do CPC, de 2015, não é algo revolucionário, representando uma espécie de reprodução aperfeiçoada do art. 486, do CPC, de 1973.

8. Erro de fato (CPC, art. 966, VIII)

8.1. Introdução

No direito federal brasileiro, anterior ao CPC de 1973, não encontramos nenhuma referência ao erro de fato como causa de rescindibilidade dos julgados.

O Anteprojeto do Código de 1973 cuidou da matéria no art. 534, IX, e o Projeto no art. 489, IX; a redação de ambas as normas era praticamente a mesma e foi reproduzida, com pequenas nuanças literais, pelo inc. VI, do art. 485, do texto aprovado.

Esse inciso constituía, a propósito, uma reprodução piorada do art. 395, § 4º, do Código italiano, porquanto o legislador brasileiro não foi feliz ao traduzir a expressão "*errore di fatto risultante dagli atti o documenti della causa*". Com efeito, o emprego do vocábulo resultante, pelo legislador de nosso país foi equivocado, na medida em que, no texto peninsular, ele não apresenta o sentido de proveniente, de oriundo, que se imaginou. Risultante, no Código alienígena, sugere a acepção de algo que transparece, que ressalta dos autos ou documentos da causa.

Essa observação nos conduz, aliás, à formulação de outro reparo ao legislador brasileiro: é que o termo "*atti*", constante da expressão "*atti o documenti della causa*" não foi lá utilizado com o senso de ato, e sim de autos. Dessa forma, o erro de fato, de que fala o art. 485, IX, do CPC de 1973, é o que ressalta, que transparece dos autos da causa e não o que "resulta de atos" (sic). Como sintetiza Barbosa Moreira, "Trata-se, em suma, de erro de fato suscetível de ser verificado à vista dos autos do processo e dos documentos deles constantes. Essa a inteligência que se deve dar, também, ao texto pátrio, mediante reconstrução da mens legis, à luz do modelo inspirador, desprezada a letra enganosa do dispositivo. É imperioso, aliás, até por uma razão de ordem sistemática, pôr de lado aqui a interpretação literal: se se tratasse de erro de fato a que o órgão judicial houvesse sido induzido em consequência de documento ou de outra prova constante dos autos, isso significaria que tal prova era falsa, e a hipótese recairia sob a influência do n. VI"[(50)].

Realmente, se o erro de fato emanasse oudecorresse de atos ou de documentos da causa, não haveria nenhum sentido lógico para a presença do inc. IX, do art. 485, daquele CPC, pois a hipótese estaria perfeitamente amoldada ao inc. VI do mesmo dispositivo, que previa a falsa prova como causa para a rescisão da sentença. Irrefutáveis, conseguintemente, as críticas que a doutrina fez ao legislador brasileiro, no particular.

Essas nossas considerações possuem, hoje, importância meramente histórica, porquanto o legislador de 2015 não incidiu no equívoco do de 1973. Efetivamente, o art. 966, do CPC atual, alude, no inciso VIII, à decisão fundada em erro de fato "verificável do exame dos autos" -, não mais, "resultante de atos ou de documentos da causa", como constava no CPC de 1973.

---

(50) Ob. cit., p. 90.

8.2. Conceito e requisitos

8.2.1. Conceito

Segundo a lição de Liebman, o erro de fato não é um erro de julgamento, mas de percepção do juiz, consistente em uma falha que lhe escapou à vista, no momento de compulsar os autos do processo; falha essa relativa a um ponto decisivo da controvérsia(51).

Podemos dizer que essa espécie de erro advém de falta ou de excesso de visão do magistrado: no primeiro caso, ele não vê um fato efetivamente ocorrido (e alegado nos autos); no segundo, ele vê um ato que verdadeiramente não existiu. Tanto lá como aqui, entretanto, a decisão estará comprometida por essa eiva, por essa falha de percepção visual e renderá ensejo ao exercício de uma pretensão rescisória.

Digamos que o órgão jurisdicional declara haver o autor cometido a falta grave de abandono de emprego, quando, na realidade, em nenhum momento o autor deixou de prestar serviços ao réu: há erro de fato em virtude de a sentença haver admitido um fato inexistente. Se, por outro lado, o juízo condenar o réu a pagar aviso prévio, embora o autor tenha sido previamente avisado (na forma da lei) quanto à dissolução do contrato e à data em que isso ocorreria, a decisão, após o trânsito em julgado, será rescindível, porquanto não admitiu um fato efetivamente acontecido: o oferecimento do aviso prévio.

8.2.2. Requisitos

São cinco, basicamente, os requisitos do erro de fato, como causa de rescindibilidade dos pronunciamentos jurisdicionais:

a) deve ter como objeto essencial os fatos da causa em que foi proferida a sentença rescindenda;

b) o erro deve ser apurável por meio de exame dos documentos e demais elementos dos autos, não sendo admitido que o autor procure, na rescisória, provar a existência ou a inexistência do ato, conforme seja a hipótese;

c) o fato deve ter influenciado, diretamente, o resultado do julgamento;

d) sobre esse fato não tenha havido controvérsia;

e) ou pronunciamento jurisdicional.

Examinemos esses requisitos.

---

(51) "Manuale...", vol. III, p. 117.

a) O erro, para autorizar o exercício da rescisória, deve referir-se a fatos da causa; sendo assim, se ele disser respeito a fatos que não tenham pertinência com a causa, não se poderá pensar em ação rescisória, por mais relevantes que sejam tais fatos e por mais grave que tenha sido o erro do juiz. Além disso, o fato, objeto do erro, deve ser relevante; erro concernente a fatos inexpressivos, despiciendos, que não tenham nenhuma importância para a solução da lide, não ensejam o exercício da ação rescisória.

b) Como dissemos, na oportunidade das críticas à tradução que o legislador brasileiro fez da matriz italiana (art. 395, § 4º), o erro de fato não é o que resulta dos atos (ou documentos) da causa, mas, sim, o que ressalta dos autos ou documentos neste contidos. Essa distinção é de extrema importância para os efeitos práticos, porquanto permite demonstrar que ao autor não será lícito procurar fazer prova do erro judicial (se assim se permitisse, estar-se-ia fazendo letra morta o inc. VI do art. 966, que cuida da falsa prova): essa falha de percepção do julgador deve ser naturalmente detectada pelo tribunal, mercê de alerta feita pelo autor.

c) O erro de fato deve ser o motivo determinante da decisão, vale dizer, que a decisão se haja fundado nele. Isso quer dizer, de outra parte, que se houve realmente erro de fato, praticado pelo órgão jurisdicional, mas a decisão nele não se baseou, impossibilitado ficará o acesso à via rescisória, porquanto dito erro nenhuma influência exerceu no resultado do julgamento.

d) Existindo, nos autos em que foi proferida a decisão rescindenda, controvérsia acerca do fato em que a rescisória se apoia, ela não deverá ser admitida: a lei é clara quanto a isso (CPC, art. 966, § 1º). De modo geral, são três os casos em que um fato fica incontroverso: 1) quando não é alegado por nenhuma das partes (mas invocado pelo juiz); 2) quando é confessado pelo adversário; 3) quando a alegação não é contestada.

1) Pode parecer estranho estarmos a falar de fatos não alegados pelas partes, como causa para a rescisão da sentença com fundamento no inc. VIII, do art. 966, presumindo-se que teria ocorrido aí violação à literal disposição de lei (sentença ultra ou extra petita) e, por isso, o ponto de sustentação seria o inc. V do mesmo Código.

Não é bem assim. Há certos fatos que o juiz, como sabemos, pode conhecer *ex officio*. É precisamente aí que ele pode perpetrar erro de fato, que venha a ensejar o ajuizamento da rescisória.

2) Se uma das partes confessou a existência ou a inexistência de ato contrário aos seus interesses, não pode a sentença, em princípio, ir de (e não ao) encontro à confissão, exceto se a tanto o autorizar outros elementos existentes nos autos. Note-se que a confissão tornou o fato incontroverso, dispensando-o,

assim, de prova (CPC, art. 374, II), e tornando-o cônsono com o requisito da lei (CPC, art. 966, § 1º).

3) O princípio da impugnação especificada dos fatos impõe ao réu o dever de "manifestar-se precisamente sobre os fatos narrados na petição inicial" (CPC, art. 341, *caput*), presumindo-se verdadeiros os que não sejam impugnados (*ibidem*). A CLT declara que se o réu não responder à ação (revelia), considerar-se-ão verdadeiros os fatos alegados pelo autor (art. 844, *caput*), salvo, é certo, se se verificar uma das situações previstas nos incisos I a III, do art. 341, do CPC.

Em todos esses casos, inexistiu controvérsia sobre os fatos, motivo por que eventual erro do juízo, na apreciação destes, fará surgir para o interessado a oportunidade de valer-se da rescisória, com fulcro no inc. VIII, do art. 966, do CPC.

e) Se a decisão rescindenda se manifestou (na fundamentação) quanto à existência ou à inexistência de determinado fato da causa, vedada estará a utilização da rescisória, em face do art. 966, § 1º, do CPC.

Pouco importa que, sob a óptica particular dos litigantes, o fato tenha ficado incontroverso: a pronúncia do órgão da jurisdição sobre ele é o quanto basta para cortar cerce a possibilidade de manejo da rescisória.

Anota Barbosa Moreira que a hipótese sub examen não é a de que o juízo haja tirado certa ilação em decorrência de raciocínio em cujas premissas figure, de maneira expressa, a afirmação de que o fato não ocorrido ocorreu, ou de que o ocorrido não ocorreu: "O que precisa haver é incompatibilidade lógica entre a conclusão enunciada no dispositivo da sentença e a existência ou a inexistência do fato, uma ou outra provada nos autos mas não colhida pela percepção do juiz, que, ao decidir, pura e simplesmente saltou por sobre o ponto, sem feri-lo. Se, ao contrário, o órgão judicial, errando na apreciação da prova, disse que decidia como decidiu porque o fato ocorrera (apesar de provada nos autos a não ocorrência), não se configura o caso do inc. IX. A sentença, embora injusta, não será rescindível"(52).

A exigência feita pelo CPC de que o fato não tenha sido objeto de pronunciamento jurisdicional é plenamente justificável, vez que se, *a contrario sensu*, o juízo sobre ele se manifestou, o que houve aí foi, talvez, má apreciação da prova ou injustiça da sentença, e não erro do órgão jurisdicional a respeito do fato, com haver declarado existente o que nunca existiu, ou inexistente o que verdadeiramente existe.

É proveitoso lembrar, nesta altura, o teor da Orientação Jurisprudencial n. 103, da SBDI-II, do TST: "Ação rescisória. Contradição entre fundamentação e parte dispositiva do julgado. Cabimento. Erro de fato. É cabível a

---

(52) Ob. cit., p. 1

rescisória para corrigir contradição entre a parte dispositiva do acórdão rescindendo e a sua fundamentação, por erro de fato na retratação do que foi decidido". Acrescentamos nós: o fato de a parte haver deixado de oferecer embargos declaratórios para eliminar a contradição entre esses dois capítulos do acórdão não impede o exercício da ação rescisória, fundado nessa discrepância interna do pronunciamento jurisdicional.

9. Nota final sobre as causas de rescindibilidade examinadas

Para que a pretensão rescisória seja exercida é suficiente que se verifique apenas uma das causas previstas nos incisos I a VIII, do art. 966, do CPC.

Isso não quer dizer que o autor não possa invocar dois ou mais desses fundamentos, desde que esse seja o caso; vindo isso a ocorrer, o tribunal poderá acolher ou rejeitar a rescisória por um ou por mais de um fundamento. Se a rescisória foi ajuizada por um fundamento, sendo rejeitada, o trânsito em julgado do acórdão não obstará a que o autor ingresse com outra ação rescisória da mesma sentença, agora por fundamento diverso, pois a motivação não se submete ao fenômeno da coisa julgada (material), "ainda que importantes para determinar o alcance da parte dispositiva da sentença" (CPC, art. 504, I).

Por derradeiro, entendemos ser taxativo o rol de causas para a rescindibilidade dos julgados, feito pelo art. 966 do CPC, razão pela qual nenhuma rescisão será possível fora desse elenco; nosso ponto de vista não deve, porém, ser interpretado como obstativo da possibilidade de buscar-se descobrir o verdadeiro sentido do preceito legal (incisos I a VIII), podendo-se, nessa investigação, ampliar-se a *mens legis*, para revelar-lhe o real alcance — sem que isso implique um alargamento das causas enumeradas pelo citado dispositivo.

CAPÍTULO XV

SENTENÇA INJUSTA, MÁ APRECIAÇÃO DA PROVA E ERRÔNEA INTERPRETAÇÃO DO CONTRATO

1. Comentário

No sistema do CPC de 1939 havia disposição expressa no sentido de que "A injustiça da sentença e a má apreciação da prova ou errônea interpretação do contrato" não autorizavam o exercício da ação rescisória (art. 800, *caput*).

Sentença injusta não é a que ofende a norma jurídica apta a reger a situação concreta (pois nesse caso a sentença seria ilegal), mas a que, dentre outras coisas, aplica a regra jurídica com rigor excessivo, extremado, que não se afina com o próprio objetivo do preceito; a que não leva em consideração certas condições particulares dos litigantes, ou as circunstâncias que tenham ditado o seu comportamento contrário ao direito, decidindo contra eles como se ditas particularidades ou circunstâncias inexistissem.

Há má apreciação da prova quando a sentença avalia, valora, de maneira inadequada, o conjunto probatório formado nos autos; considera inidôneo um meio de prova que idôneo era ou vice-versa; não leva em consideração as provas produzidas por uma das partes; enfim, estará configurada a má apreciação da prova toda vez que o juiz fizer uso distorcido do princípio da persuasão racional, ou do livre convencimento motivado, que se abrigava no art. 131, do CPC, do CPC de 1973, e que decorre, atualmente, no processo do trabalho da congeminação do art. 371, do CPC, de 2015, com o art. 765, da CLT.

A errônea interpretação de negócio jurídico se caracteriza quando se abandona, injustificadamente, certas regras pertinentes à interpretação dos contratos; quando a vontade dos contratantes não é captada com fidelidade etc.

O estatuto processual civil em vigor não reproduziu a declaração constante do art. 800, *caput*, do Código de 1939. Esse vazio deve ser entendido como uma intenção de o legislador de 2015 consentir que a sentença injusta, a má apreciação da prova ou a errônea interpretação do contrato possam ser invocadas como causas de rescindibilidade dos julgados? Evidentemente que não. Em primeiro lugar, a rescisória somente será cabível nos casos previstos pelos incisos I a VIII, do art. 966, do CPC atual, cuja enumeração, como afirmamos anteriormente, é taxativa. E em nenhum desses incisos há menção, ainda que implícita, à sentença injusta, à má apreciação da prova e à equivocada interpretação dos negócios jurídicos; em segundo, ainda que inexistisse, no art. 966 do Código, um rol de causas para a rescindibilidade dos pronunciamentos jurisdicionais, haver-se-ia de concluir que o texto vigente recepcionou, por força da tradição, a regra contida no art. 800, do CPC, de 1939.

Fique claro, portanto, que no regime do Código vigente uma decisão que se afirme ser, p. ex., injusta, por haver-se baseado em falsa prova, será rescindível não em virtude da alegada injustiça, e, sim, do fato de haver-se amoldado à situação mencionada no inc. VI, do art. 966. A eventual injustiça da sentença, na hipótese, é absolutamente descipienda para os efeitos de sua rescindibilidade.

Argumenta Pontes de Miranda que "As sentenças em que se infringe direito em tese são injustas e rescindíveis. As sentenças em que se viola a coisa julgada formal são rescindíveis, se bem que possam não ser injustas. As sentenças que se apóiam em falsa prova são injustas e rescindíveis, ou justas, se o fundamento na falsa prova não é o único, e irrescindíveis. As sentenças injustas que não caibam numa das espécies do art. 485 ou do art. 486 do Código de Processo Civil são injustas, porém não rescindíveis. Uma das espécies de sentenças injustas não rescindíveis é a das sentenças que apreciaram, sem exatidão, a prova"[(53)].

Sabemos que o anseio por justiça constitui um dos sentimentos mais preciosos para o gênero humano; por isso, seria de concluir que as sentenças injustas deveriam ser rescindíveis. Num plano ideal, *de lege ferenda,* talvez. No terreno da realidade normativa, entretanto, como se viu, não há possibilidade de isso ocorrer. O que hoje se tem de concreto é a possibilidade de uma sentença injusta ser impugnada em sede de recurso ordinário.

---

(53) Ob. cit., p. 395.

CAPÍTULO XVI

AÇÃO ANULATÓRIA

1. Introdução

No capítulo anterior, tivemos oportunidade de tecer algumas considerações superficiais acerca da ação anulatória e de demonstrarmos o acerto da orientação jurisdicional compendiada pela Súmula n. 259, do TST, que indica a ação rescisória como o remédio jurídico adequado para desconstituir a sentença que se haja fundado em transação. Pelo interesse que a matéria desperta e levando em conta que a ação anulatória apresenta certas áreas fronteiriças com a ação rescisória, voltamos ao assunto, desta feita para examiná-lo com maior profundidade.

2. Ação anulatória

O art. 966, do CPC, declara: "Os atos de disposição de direitos, praticados pelas partes ou por outros participantes do processo e homologados pelo juízo, bem como os atos homologatórios praticados no curso da execução, estão sujeitos à anulação, nos termos da lei (§ 4º)".

São de duas classes os atos judiciais que comportam anulação, na forma do art. 966, (§ 4º), do CPC: a) os de disposição de direitos; b) os homologatórios praticados no curso da execução.

Como atos de disposição de direitos podemos referir, no processo do trabalho: a confissão, a desistência e a transação, cuja sentença baseada em um desses atos poderia, no sistema do CPC de 1973, ser desconstituída por meio de ação rescisória (art. 485, VIII); como homologatórios praticados no curso da execução, a própria transação – negócio jurídico bilateral, a que a CLT denomina de conciliação.

No tocante à confissão e à desistência, não há dúvida de que podem ser objeto de ação anulatória, inclusive, no processo do trabalho. O problema surge em relação à sentença homologatória de transação.

3. Sentença homologatória de transação

Muito se discutiu, na doutrina, sobre ser cabível ação anulatória ou ação rescisória da sentença que homologa transação.

Os que defendiam o uso exclusivo da anulatória argumentavam que, em primeiro lugar, a CLT não exige a emissão de sentença homologatória dessa modalidade de negócio jurídico; em segundo, que a sentença, de qualquer modo, é meramente homologatória — a sustentar, com isso, que em ambos os casos seria inevitável a aplicação do art. 486, do CPC, de 1973, ou do art. 966, § 4º, do CPC, de 2015.

Esses argumentos, contudo, jamais foram irrefutáveis.

Dizer que a CLT não condiciona a validade e os efeitos da transação à existência de sentença homologatória é, a um só tempo, imaginar que a CLT seja um texto cientificamente perfeito, ao qual não teria escapado a disciplina e a sistematização de nenhum dos institutos ou figuras processuais, que ela contempla, e ignorar a força da praxe, que consagrou o proferimento de sentença homologatória de transações. A incidência supletiva do art. 515, II, do CPC, a propósito, faz ressaltar, com nitidez, a necessidade dessa espécie de sentença, a que a precitada norma do processo civil atribui eficácia de título executivo (judicial).

Pontificar que a sentença, de qualquer modo, é meramente homologatória, não é algo que impressione, porquanto dimana de interpretação agudamente simplista do art. 966, § 4º, do CPC, ao alheá-lo de outras disposições concernentes, inseridas no mesmo Código.

De efeito, a primeira observação a ser formulada é de que sendo a transação matéria intimamente ligada ao *meritum causae* é elementar que a sentença homologatória, *ipso facto*, provoca a extinção do processo mediante julgamento do mérito (CPC, art. 487, III, "b"), sendo indispensável iterar que o art. 831, parágrafo único, concede ao "termo de conciliação" (leia-se: sentença homologatória de transação) o atributo da irrecorribilidade (exceto quanto ao INSS), faltando, por isso, base científica àqueles que ainda advogam o uso da ação declaratória para desfazê-la: como é possível o uso dessa ação se a sentença está protegida, constitucionalmente (art. 5º, XXXVI), pelo pálio da coisa julgada material?

Nem se perca de vista o fato — sobre o qual já alertamos — de que o inc. II do art. 515 a aponta como um dos títulos executivos judiciais.

Essa nota é de elevada importância para a defesa de nosso ponto de vista, sabendo-se que em se tratando de execução de título judicial o devedor somente pode alegar as matérias previstas nos arts. 884, § 1º e 525, do CPC (excluído, quanto a este, o inc. I), tornando, assim, impossível introduzir-se a sentença homologatória de transação no art. 486 do CPC. Expliquemos. A citada norma diz que as sentenças meramente "homologatórias" podem ser desfeitas (e não "rescindidas") como os atos jurídicos em geral; ocorre que estando a sentença homologatória de transação incluída no elenco dos títulos judiciais, a subtração de sua eficácia somente será possível em sede de embargos do devedor.

Parece-nos fundamental, entretanto, insistir em que chega a afrontar princípios seculares de Direito a afirmação de que a sentença homologatória de transação (feita irrecorrível pela CLT e suscetível de passar em julgado, pelo CPC) pode ser eliminada por ação anulatória.

Sem saber se foram exatamente esses os fundamentos adotados pelo TST para declarar, via Súmula n. 259, que "Só por ação rescisória é impugnável o termo de conciliação previsto no parágrafo único do art. 831 da CLT", devemos elogiá-lo por mais esse momento de descortino jurídico, que teve ainda o merecimento de trazer a necessária pacificação doutrinária e jurisprudencial a respeito desse assunto.

Há mais: o art. 966, § 4º, do CPC, restringe a ação anulatória, quanto às sentenças homologatórias, àquelas proferidas na execução. No plano da Justiça do Trabalho, não só não se admite a ação anulatória - e, sim, a rescisória -, nesse caso, como se admite a transação em qualquer fase do processo, seja no de conhecimento, seja no de execução (CLT, art. 764, § 3º). Conseguintemente, a sentença homologarória de transação, proferida em quaisquer dessas fases, é suscetível de desconstituição por meio de ação rescisória, desde que esteja presente uma das causas relacionadas nos incisos I a VIII, do art. 966, do CPC.

CAPÍTULO XVII

PRAZO PARA O AJUIZAMENTO

1. Comentário

Estatui o art. 975, *caput*, do diploma processual civil em vigor que o direito de aforar ação rescisória se extingue em dois anos, contados do trânsito em julgado da última decisão proferida no processo.

O CPC de 1939 nada dispunha a respeito, provavelmente porque o prazo se encontrava estabelecido (em cinco anos) pelo Código Civil (art. 178, § 10, VIII).

O § 1º dessa norma legal esclarece que quando o prazo previsto no *caút* expirar durante as férias forenses, recesso, feriado, ou em dia em que não houver expediente forense, será prorrogado até o primeiro dia últil imediatamente subsequente. Um retoque: cremos que o prazo também deva ser prorrogado quando o expediente forense, por algum motivo, for encerrado antes do término do expediente destinado ao atendimento das partes.

Como poderia haver alguma dificuldade quanto a definir o momento a partir do qual deveria ser contado o prazo para o exercício da ação rescisória fundada na obtenção de **prova nova**, o § 2.º, do art. 966, do CPC, esclarece que, nesse caso, o termo inicial será a data de descoberta da referida prova, advertindo, todavia, que deverá ser observado o prazo máximo de cinco anos, contado da última decisão proferida no processo.

Pela mesma razão, o § 3º desse preceptivo legal esclarece que, nos casos de **simulação** ou de **colusão** das partes, o prazo para o ajuizamento da ação rescisória começará a fluir, para o terceiro prejudicado e para o Ministério Público (que não interveio no processo), a partir do momento em que tiverem ciência da simulação ou da colusão. É evidente que caberá ao terceiro e ao Ministério Público o ônus da prova quanto à data em que, verdadeiramente, tiveram ciência da prática de um desses atos.

Lançados esses escólios, cumpre-nos perquirir se o prazo para o exercício da pretensão rescisória é prescricional ou decadencial.

O Código Civil considerava prescricional o prazo em questão, bastando destacar que o incluíra, expressamente, no rol do art. 178 (§ 10º, VIII), que tratava de prescrição. O Código Civil atual não se ocupa com a matéria, pois esta passou a ser regulada pelo CPC: de 1973, no art. 495; de 2015, no art. 975.

Não foram poucos, todavia, os autores que, na vigência do CPC de 1939, sustentaram ser decadencial esse prazo — opinião que foi constantemente prestigiada pela jurisprudência da época, inclusive, a oriunda do Supremo Tribunal Federal (Ac. de 30.8.57, RE 26.220, RTJ, 6:3, de 9-5-63, RE 46.806, DJ de 18.7.63, pág. 547).

Em que pese à tendência doutrinária e jurisprudencial noticiada, o Anteprojeto e o Projeto do CPC de 1973 não hesitaram em declarar que o prazo seria prescricional; esse Código, porém, aparentemente, não desejou assumir uma clara posição doutrinária acerca do problema, falou em **extinção do direito de ajuizar a rescisória**. É lícito concluir-se, por isso, que o verbo **extinguir** apresentava, nesse texto, caráter veladamente anfibológico, porquanto satisfazia a ambas as correntes em disputa: a que tinha o prazo da rescisória como prescricional, e a que o considerava decadencial. O CPC de 2015 alude ao "direito à rescisão" (art. 975, *caput*).

Para nós, o prazo é de **decadência**, pois esta atinge de maneira direta o direito e só por efeito reflexo extingue a ação, exatamente como ocorre com o prazo da rescisória; já a prescrição afeta diretamente a ação e, só por via transversa, o direito. Além disso, na decadência o direito é concedido para que seja exercitado dentro de certo prazo, sob pena de extinção; na prescrição, inversamente, pressupõe-se a inércia do titular, que não exerce o seu direito de ação no prazo legalmente estabelecido.

Chiovenda, com base na concepção predominante na Itália, quanto a ser a ação um direito autônomo, que não se confunde com o direito material a que ele se destina a proteger, desenvolveu a teoria dos direitos potestativos; para isso, separou os denominados direitos subjetivos em duas classes: a) direito a uma prestação, que se refere a um bem ou a uma utilidade da vida a obter-se por intermédio da prestação positiva ou negativa de outrem; b) direitos potestativos, que visam à modificação do estado jurídico existente[(54)].

Os direitos potestativos não se caracterizam pela exigência de uma prestação, motivo por que se desassemelham dos integrantes desta categoria.

Em Chiovenda, a definição de direito potestativo é apresentada como sendo "o poder que tem uma pessoa de influir sobre a situação jurídica de outra, sem que esta possa ou deva fazer alguma coisa senão sujeitar-se, como, v.g., o poder de revogar a procuração [...], de despedir empregado. Por declaração unilateral de vontade, o titular cria, modifica ou extingue situação jurídica em que

(54) *Instituições...*, 2. ed., trad., São Paulo, 1965. vol. 1. p. 10.

os outros são interessados"[55]. A potestatividade é, pois, o traço peculiar desse direito, que não tem como objeto nenhuma obrigação, esgotando-se, isto sim, no poder jurídico de produzir efeitos também jurídicos, sendo exercidos por meio de simples manifestação volitiva, porquanto a presença de pronunciamento jurisdicional não constitui elemento indispensável à sua realização.

Unicamente os direitos a uma prestação, por serem passíveis de lesão e originadores de pretensões, sujeitam-se à prescrição. Os direitos potestativos, ao contrário, por serem insuscetíveis de lesão e destituídos de pretensões, conduzem à decadência.

É conveniente repisarmos o assunto: no caso dos direitos a uma prestação, o seu titular tem o poder de exigir de outrem a prestação, que pode ser de natureza positiva ou negativa, razão por que se o adversário recusar-se a isso poderá ser levado a satisfazê-la por ato jurisdicional; já no âmbito dos direitos potestativos, o seu titular vai a juízo não para pedir que a parte oposta se submeta a uma prestação, e, sim, para criar, modificar ou extinguir uma situação jurídica e para isso basta a sua vontade, unilateralmente manifestada. A referência feita à criação, modificação ou extinção de situações jurídicas revela que essa categoria de direitos deve ser exercitada via ação constitutiva.

Como afirma Clelierthal, a prescrição atinge a exigibilidade dos direitos subjetivos, ao passo que a decadência afeta os direitos potestativos e não qualquer direito.

No caso específico da ação rescisória, o direito pelo qual ela é exercida é tipicamente potestativo, tendo essa ação natureza constitutiva; como essa espécie de direito não é suscetível de lesão, ficam a dever-nos uma explicação os que julgam ser prescricional e não decadencial o prazo para o ajuizamento da rescisória. Só os direitos a uma prestação se sujeitam à prescrição extintiva.

O direito à desconstituição dos efeitos inerentes à *res iudicata* já surge com prazo preestabelecido para o seu exercício; sendo assim, se o titular não o exercer nesse prazo, o fenômeno que aí se verificará será, indiscutivelmente, o da decadência, nunca o da prescrição.

A Súmula n. 100 do TST não só demonstra haver perfilhado esse entendimento doutrinário, como contém outras disposições acerca do binômio: prazo/ação rescisória:

> AÇÃO RESCISÓRIA. DECADÊNCIA (incorporadas as Orientações Jurisprudenciais n.s 13, 16, 79, 102, 104, 122 e 145 da SBDI-2) - Res. 137/2005, DJ 22, 23 e 24.08.2005

---

(55) *Idem, ibidem.*

I - O prazo de decadência, na ação rescisória, conta-se do dia imediatamente subsequente ao trânsito em julgado da última decisão proferida na causa, seja de mérito ou não. (ex-Súmula n. 100 - alterada pela Res. 109/2001, DJ 20.04.2001)

II - Havendo recurso parcial no processo principal, o trânsito em julgado dá-se em momentos e em tribunais diferentes, contando-se o prazo decadencial para a ação rescisória do trânsito em julgado de cada decisão, salvo se o recurso tratar de preliminar ou prejudicial que possa tornar insubsistente a decisão recorrida, hipótese em que flui a decadência a partir do trânsito em julgado da decisão que julgar o recurso parcial. (ex-Súmula n. 100 - alterada pela Res. 109/2001, DJ 20.04.2001)

III - Salvo se houver dúvida razoável, a interposição de recurso intempestivo ou a interposição de recurso incabível não protrai o termo inicial do prazo decadencial. (ex-Súmula n. 100 - alterada pela Res. 109/2001, DJ 20.04.2001)

IV - O juízo rescindente não está adstrito à certidão de trânsito em julgado juntada com a ação rescisória, podendo formar sua convicção através de outros elementos dos autos quanto à antecipação ou postergação do "dies a quo" do prazo decadencial. (ex-OJ n. 102 da SBDI-2 - DJ 29.04.2003)

V - O acordo homologado judicialmente tem força de decisão irrecorrível, na forma do art. 831 da CLT. Assim sendo, o termo conciliatório transita em julgado na data da sua homologação judicial. (ex-OJ n. 104 da SBDI-2 - DJ 29.04.2003)

VI - Na hipótese de colusão das partes, o prazo decadencial da ação rescisória somente começa a fluir para o Ministério Público, que não interveio no processo principal, a partir do momento em que tem ciência da fraude. (ex-OJ n. 122 da SBDI-2 - DJ 11.08.2003)

VII - Não ofende o princípio do duplo grau de jurisdição a decisão do TST que, após afastar a decadência em sede de recurso ordinário, aprecia desde logo a lide, se a causa versar questão exclusivamente de direito e estiver em condições de imediato julgamento. (ex-OJ n. 79 da SBDI-2 - inserida em 13.03.2002)

VIII - A exceção de incompetência, ainda que oposta no prazo recursal, sem ter sido aviado o recurso próprio, não tem o condão de afastar a consumação da coisa julgada e, assim, postergar o termo inicial do prazo decadencial para a ação rescisória. (ex-OJ n. 16 da SBDI-2 - inserida em 20.09.2000)

IX - Prorroga-se até o primeiro dia útil, imediatamente subsequente, o prazo decadencial para ajuizamento de ação rescisória quando expira em férias forenses, feriados, finais de semana ou em dia em que não houver expediente forense. Aplicação do art. 775 da CLT. (ex-OJ n. 13 da SBDI-2 - inserida em 20.09.2000)

X - Conta-se o prazo decadencial da ação rescisória, após o decurso do prazo legal previsto para a interposição do recurso extraordinário, apenas quando esgotadas todas as vias recursais ordinárias. (ex-OJ n. 145 da SBDI-2 - DJ 10.11.2004).

A separação — que nos empenhamos em realizar — dos prazos em prescricionais e decadenciais apresenta algum interesse de ordem prática, ou deve ser atribuída a mero capricho da doutrina?

Capricho não há, porquanto o interesse nessa separação é concreto. Vejamos. Por princípio, os prazos decadenciais, ao contrário dos prescricionais, não se interrompem nem se suspendem (Cód. Civil, art. 207). É verdade que essa assertiva não é absoluta, pois o despacho de relator, na ação rescisória, que determinada a citação do réu, impede que a decadência se consume; por outro lado, embora o prazo decadencial não se prorrogue, há julgados considerando tempestiva a inicial da rescisória posta em juízo no primeiro dia útil posterior ao término do prazo, se nessa ocasião não havia expediente forense (CPC, art. 184, § 1º, I). No mesmo sentido, a Súmula n. 100, do TST: "IX - Prorroga-se até o primeiro dia útil, imediatamente subsequente, o prazo decadencial para ajuizamento de ação rescisória quando expira em férias forenses, feriados, finais de semana ou em dia em que não houver expediente forense. Aplicação do art. 775 da CLT. (ex-OJ n. 13 da SBDI-2 - inserida em 20.09.2000)".

Com habitual mestria, Carlos Maximiliano contribui para demarcar os domínios territoriais da prescrição e da decadência: "a) As duas pessoas que figuram em caso de decadência, são ambas titulares de direito: o de uma permanente; o da outra, contingente, efêmero, sujeito a desaparecer quando não exercido dentro de certo prazo. Nas hipóteses de prescrição, ao contrário, só se nos depara um portador de direito; a outra parte nenhum direito tem, na espécie; sobre ela pesa antes um dever, uma obrigação, a qual se extingue em consequência da negligência ou bondosa inércia do credor [...]. b) A prescrição é a definitiva consolidação de um estado de fato de que uma pessoa está gozando, oposta ao direito de outras; a decadência conserva e corrobora um estado jurídico preexistente. c) A primeira extingue um direito; a segunda respeita a um direito em via de formação. d) A prescrição favorece a quem tinha um estado de fato, convertido, depois, pela inação de outrem, em estado de direito; com a decadência aproveita quem estava já fruindo um direito e tinha como adversário o igualmente titular de direito, de uma ação que se extinguiu e era destinada a aniquilar o outro estado de direito. e) A primeira só vem da lei; a segunda pode também advir de determinação de Juiz ou de ato jurídico (unilateral ou bilateral, gratuito ou oneroso). f) O escopo da prescrição é pôr fim a um direito que, por não ter sido utilizado, deve supor-se abandonado; o da decadência é preestabelecer o tempo em que um direito possa ser utilmente exercido. g) A prescrição visa apenas ações; a decadência nem sempre: compreende ações e direitos; refere-se também a prazos que se não relacionam com ações [...]. h) A prescrição só é alegada em exceção, i. e, como matéria de defesa; a decadência pode dar lugar à ação. i) Aquela, em regra, abrange obrigação ou direito real, somente: compreende, pois, os elementos do patrimônio, apenas [...]. j) O direito sujeito à decadência já surge como uma faculdade limitada no tempo; o subordinado, a prescrição abrolha em caráter ilimitado, quanto ao tempo. l) Em regra, os prazos estipulados em artigos de código não colocados no capítulo referente à prescrição e nos quais não se declara explicitamente versarem sobre tal instituto, dizem respeito à decadência. A recíproca, entretanto, não é verdadeira[...]"(56).

---

(56) *Hermenêutica e aplicação do direito*. 6. ed. Rio de Janeiro: Freitas Bastos, 1932. 347-F.

Gustavo Lanat P. de Cerqueira procurou sistematizar o prazo para o ajuizamento da rescisória, levando em consideração as seguintes situações:

a) se a sentença for irrecorrível (Lei n. 5.584/1970, art. 2º, § 4º), a data da publicação será o *dies a quo* da contagem do prazo para o aforamento da rescisória;

b) se a sentença era recorrível, mas o recurso não foi interposto, o trânsito em julgado ocorre no termo *ad quem* do prazo recursal;

c) se o recurso foi interposto fora de prazo, a sentença passa em julgado também no termo final do prazo do recurso;

d) se a sentença era recorrível e o recurso foi manifestado em tempo, mas decorreu em branco o prazo para o preparo, a coisa julgada se forma no *dies ad quem* do prazo para o preparo;

e) se houve desistência do recurso, o *dies ad quem* do prazo decadencial firma-se no instante em que é regularmente requerida;

f) se a parte renuncia ao direito de recorrer, ou aceita a decisão, esta faz coisa julgada no momento da renúncia ou da aceitação, correndo daí o prazo para a rescisória(57).

Coqueijo Costa acrescenta:

g) se houve sucumbência recíproca, a parte que não recorreu pode propor ação rescisória, embora tenha havido recurso do adversário e então o trânsito em julgado, para ela, dá-se no termo *ad quem* do prazo recursal(58).

De nossa parte, incluímos:

h) se houve transação (acordo), o prazo para a rescisória se conta da data da sentença homologatória.

Como vimos, o prazo decadencial, para o exercício da ação rescisória, flui a partir do trânsito em julgado da última decisão proferida na causa, ainda que não seja de mérito (TST, Súmula n. 100, I). Exemplifiquemos: da sentença de mérito, emitida pelo órgão de primeiro grau, o vencido interpõe recurso ordinário, que não é admitido pelo tribunal, em decorrência da falta de algum pressuposto (subjetivo ou objetivo) exigido por lei; nesta hipótese, o *dies a quo* da contagem do prazo para o ajuizamento da rescisória se inicia após o do trânsito em julgado do acórdão, que não admitiu o recurso, exceto se este não foi admitido por intempestividade. Ocorre que, nesta hipótese, o recurso teria sido interposto de

---

(57) "Trânsito em Julgado e Ação Rescisória", conf. no VII Encontro de Juízes do Trabalho da 5ª Região, Salvador, 17.11.76.
(58) Ob. cit., p. 135.

sentença já transitada em julgado. Merece ser lembrado o critério de contagem dos prazos, expresso no art. 775 da CLT: não se iniciam nem se findam em dias desúteis. A primeira Súmula adotada pelo TST esclarece, por sua vez, que "Quando a intimação tiver lugar na sexta-feira, ou a publicação com efeito de intimação for feita nesse dia, o prazo judicial será contado da segunda-feira imediata, salvo se não houver expediente, caso em que fluirá do dia útil que se seguir".

É de extrema importância advertir que são coisas distintas o dia em que a intimação é realizada (*dies a quo*) e o dia em que se inicia a contagem do prazo, pois somente aquele é excluído (*dies a quo non computatur*).

Os problemas envolvendo o prazo decadencial para o exercício da ação rescisória são de tal magnitude, que a SBDI-II, do TST, adotou algumas Orientações Jurisprudências acerca da matéria. Vejamos:

> **OJ n. 12**: "AÇÃO RESCISÓRIA. DECADÊNCIA. CONSUMAÇÃO ANTES OU DEPOIS DA EDIÇÃO DA MEDIDA PROVISÓRIA N. **1.577/1997.** AMPLIAÇÃO DO PRAZO – Res. 208/2016, DEJT divulgado em 22, 25 e 26.04.2016I - A vigência da Medida Provisória n. 1.577/1997 e de suas reedições implicou o elastecimento do prazo decadencial para o ajuizamento da ação rescisória a favor dos entes de direito público, autarquias e fundações públicas. Se o biênio decadencial do art. 495 do CPC de 1973 findou após a entrada em vigor da referida medida provisória e até sua suspensão pelo STF em sede liminar de ação direta de inconstitucionalidade (ADIn 1753-2), tem-se como aplicável o prazo decadencial elastecido à rescisória. (ex-OJ n. 17 da SDI-2 - inserida em 20.09.2000) II - A regra ampliativa do prazo decadencial para a propositura de ação rescisória em favor de pessoa jurídica de direito público não se aplica se, ao tempo em que sobreveio a Medida Provisória n. 1.577/1997, já se exaurira o biênio do art. 495 do CPC. Preservação do direito adquirido da parte à decadência já consumada sob a égide da lei velha. (ex-OJ n. 12 da SDI-2 - inserida em 20.09.2000)";
>
> OJ n. 18: "Ação rescisória. Decadência. União. Lei Complementar n. 73/1993, art. 67. Lei n. 8.682/1993, art. 6º. O art. 67 da Lei Complementar n. 73/1993 interrompeu todos os prazos, inclusive o de decadência, em favor da União no período compreendido entre 14.2.93 e 14.8.1993";
>
> OJ n. 80: " Ação rescisória. Decadência. '*Dies a quo*'. Recurso deserto. Enunciado 100/TST. O não conhecimento do recurso por deserção não antecipa o '*dies a quo*' do prazo decadencial para o ajuizamento da ação rescisória, atraindo, na contagem do prazo, a aplicação do Enunciado n. 100 do TST".

Outras OJs, como as de n. 16, 79, 104 e 122, foram incorporadas à Súmula n. 100, do TST.

No passado, Carvalho de Mendonça defendeu a possibilidade de a rescisória ser ajuizada na pendência da demanda (209). Essa posição, contudo, se insustentável diante do digesto processual civil de 1773, cujo art. 485, *caput*, fez rescindível apenas a sentença de mérito **transitada em julgado** – requisito que foi mantido pelo CPC de 2015 (art. 966, *caput*). Conforme procuramos mostrar no capítulo IX, o trânsito em julgado do pronunciamento jurisdicional constitui pressuposto inarredável para o regular exercício da ação rescisória; antes disso, a apresentação da rescisória é precipitada, pois a decisão é ainda recorrível ou pende de recurso. Por outras palavras: não passou em julgado.

Uma questão relevante: sendo decadencial o prazo para o exercício da ação rescisória, aplica-se a ela o disposto no art. 775, *caput*, da CLT, que determina a contagem do prazo em dias úteis? Não se nega que os prazos decadenciais não se interrompem nem se suspendem; todavia, a precitada norma da CLT estabelece que a contagem em dias úteis se aplica a todos os prazos previstos no capítulo X – e o art. 836, *caput*, da mesma CLT, que prevê a ação rescisória, está inserido no mencionado capítulo X. Logo, o prazo de dois anos, fixado pelo art. 975, *caput*, do CPC, para o exercício da ação rescisória, será, no processo do trabalho, contado conforme o critério definido pelo art. 775, *caput*, da CLT: considerando apenas os dias úteis.

|CAPÍTULO XVIII|

DECISÃO RESCINDENDA

1. Comentário

O adjetivo **rescindendo** não está dicionarizado. Não se pode deixar de reconhecer, entrementes, que se encontra consagrado pela tradição da terminologia processual. **Rescindendo** é aquilo que se rescinde, é o objeto da ação rescisória; **rescindente** é o que tem o poder de rescindir, é o instrumento da ação rescisória.

No sistema do CPC de 1973 somente eram rescindíveis as decisões que se pronunciassem sobre o mérito. Em livro anterior, ponderamos que esse preceptivo legal não deveria ser interpretado à risca, sob pena de acarretar prejuízos irreparáveis à parte. Argumentamos, para exemplificar, com um recurso ordinário que não fosse admtido por Turma de Tribunal Regional do Trabalho, por estar supostamente deserto (ausência de comprovação do pagamento das custas processuais), quando, na verdade, o preparo havia sido realizado e comprovado nos termos da lei. Como o acórdão que não admitiu o recurso não examinou o mérito, não seria rescindível, nos termos do art. 485, *caput*, do CPC de 1973. O que o sistema processual oferecia à parte prejudicada com esse acórdão seria a interposição de recurso de revista ao TST. Como eram – e continuam a ser – extremamento rigorosos os pressupostos de admissibilidade desse recurso de natureza extraordinária, é muito provável que não viesse a ser admitido, tornando, assim, praticamente irreversível o prejuízo processual (e, talvez, financeiro) acarretado à parte pelo acórdão regional que, em manifesto equívoco, considerara deserto o seu recurso ordinário. Levando em conta situações como a narrada, passamos a admitir, ao tempo em que integrávamos o TRT da 9ª Região, a possibilidade de acórdão como esse ser objeto de ação rescisória. Sendo assim, quando fosse o caso, acolhíamos o pedido rescisório, afastando a deserção equivocadamente proclamada, e determinávamos que a Turma admitisse o recurso ordinário e o julgasse como entendesse de direito.

Por que razão estamos a falar desse fato do passado? A resposta está no art. 966, § 2º, do CPC de 2015, que, cedendo à argumentação da doutrina, admite o exercício da ação rescisória tendo como objeto decisão que, mesmo não tendo examinado o mérito, impeça: a) nova propositura da demanda; ou b) a admissibilidade do recurso correspondente. Em que pese ao fato de o caso concreto que narramos não se amoldar, como a mão à luva (Machado de Assis) , a essa norma legal, a suscitação desse fato de outrora serve para demonstrar que, muitas vezes, o legislador fica atento às manifestações da doutrina (e da jurisprudência), quando tem diante de si a tarefa de aprimorar o sistema processual.

Situação interessante pode ocorrer no caso de o acórdão declaratório de inadmissibilidade do recurso quadrar-se em um (ou mais) dos incisos do art. 966 do CPC (teria sido dado por prevaricação, concussão ou corrupção do relator; por juiz impedido ou absolutamente incompetente; violado literal disposição de lei etc.). Conquanto esse acórdão não seja verdadeiramente de mérito, estamos convencidos da necessidade de a doutrina tirar, à vista do fato, uma interpretação extraordinária do citado art. 966, para permitir que o interessado possa atacar o acórdão pela via rescisória, sob pena de tolerar-se que a circunstância de ele não haver ferido o mérito da causa constitua poderoso estímulo à ofensa impune a normas legais — sejam de natureza material, processual e — o que é mais grave — até mesmo constitucional!

Nessa hipótese, o prazo para o exercício da ação rescisória seria igualmente contado da data em que passou em julgado o acórdão, como ocorreria se este, ao não admitir o recurso, o fizesse sem nenhuma agressão à lei. Embora o critério para o início da fluência desse prazo decadencial seja o mesmo, em ambas as situações, torna-se relevante ressaltar que, na primeira (inadmissibilidade do recurso com infringência do art. 966 do CPC), a rescisória teria como objeto o próprio acórdão, opostamente, pois, à segunda, em que a ação visaria à sentença de mérito, anteriormente impugnada pelo recurso.

Se a sentença não era recorrível (Lei n. 5.584/1970, art. 2º, § 4º), mas a parte — ao arrepio da lei — dela recorre e o juízo *a quo* (por suposta inadvertência) admite o apelo, deverá a adversa aguardar o trânsito em julgado do acórdão, que diga do não cabimento do apelo; ingressar com a rescisória antes disso, será atitude precipitada, pois ainda que de maneira irregular, forçada mesmo, a sentença, por ato da parte, pende de recurso, a despeito de sua ontológica irrecorribilidade. Como fizemos alusão às sentenças irrecorríveis, é aconselhável observarmos que a Lei n. 5.584/1970, que instituiu as ações de alçada exclusiva dos órgãos de primeiro grau, da Justiça do Trabalho, foi implicitamente recepcionada pela Constituição Federal de 1988. Assim sendo, conforme declara a Súmula n. 365, do TST: "Não se aplica a alçada em ação rescisória e em mandado de segurança. (ex-OJs ns. 8 e 10 da SBDI-1 - inseridas em 01.02.1995)", porquanto a referida norma legal veda (em princípio) a interposição de recurso – sendo certo que a rescisória não constitui recurso, mas, ação.

Vindo a sentença a rejeitar parte dos pedidos formulados pelo autor e este não a impugnar, nesse ponto, mas o réu recorrer do conteúdo do julgado que lhe foi desfavorável, teremos o seguinte desdobramento processual: a) o réu poderia recorrer da sentença, naquilo em que ficou vencido e o autor promover, dessa mesma parte, a execução provisória, com fulcro nos arts. 899, *caput*, da

CLT, e 520, do CPC); b) o autor poderia ajuizar ação rescisória da sentença, relativamente ao ponto em que sucumbiu e não recorreu; c) sendo o recurso do réu desprovido, e passando em julgado o acórdão, abre-se-lhe-ia a oportunidade para atacá-lo por meio de ação rescisória. Se o acórdão não houvesse conhecido do recurso, a rescisória, que viesse o réu a aforar, só poderia dirigir-se à sentença de mérito recorrida, valendo aqui o acórdão como a última decisão emitida na causa, para os efeitos da contagem do prazo pertinente ao exercício da rescisória, nos termos da — tantas vezes mencionada — Súmula n. 100, do TST.

O CPC de 1973 previa a rescisão da **sentença** de mérito (art. 485, *caput*), embora rescindível também fosse o **acórdão** que examinasse o mérito. O CPC de 2015 ampliou essa dicção ao aludir à *decisão* de mérito – expressão genérica, a compreender a sentença, o acórdão e a própria interlocutória de mérito (art. 966, *caput*).

No peculiar terreno do processo do trabalho, são passíveis de desconstituição, pela rescisória, as decisões proferidas nas ações individuais e nas ações coletivas (quanto a essas, só as de natureza econômica). Reclama atenção especial, no estudo que estamos realizando, o problema da rescindibilidade dos acórdãos dirimentes dos conflitos coletivos, em decorrência da normatividade que lhes é imanente.

Dispõe o § 6º, do art. 7º, da Lei n. 7.701, de 21 de dezembro de 1988, que "A sentença normativa poderá ser objeto de ação de cumprimento a partir do 20º (vigésimo) dia subsequente ao julgamento, fundada no acórdão ou na certidão de julgamento, salvo se concedido efeito suspensivo pelo Presidente do Tribunal Superior do Trabalho" (destacamos). Duas observações se impõem: a) de maneira insólita, o legislador brasileiro permite que um direito ainda não tornado efetivo (pois o acórdão, que o instituiu, pode estar pendente de recurso) constitua fundamento de uma ação (de cumprimento). A Súmula n. 246, do TST, que é anterior à Lei n. 7.701/1988, já declarava ser "dispensável o trânsito em julgado da sentença normativa para propositura da ação de cumprimento"; b) a Lei n. 7.788, de 3 de julho de 1989, ao estabelecer, no art. 7º, que "Em qualquer circunstância, não se dará efeito suspensivo aos recursos interpostos em processo de dissídio coletivo", revogou o § 6º, do art. 7º, da Lei n. 7.701/1988, na parte em que esta aludia à concessão de efeito suspensivo ao recurso, por ato do Presidente do TST(59).

Não foi por essas razões, entretanto, que fizemos alusão, há pouco, à modalidade *sui generis* dos acórdãos normativos, e, sim, para podermos examinar

---

(59) Essa Lei foi revogada pela Lei n. 8.030, de 12 de abril de 1990, cujo art. 11, que mantinha o princípio de que os recursos interpostos dos acórdãos proferidos em ações coletivas não possuíam efeito suspensivo, foi vetado pelo Sr. Presidente da República.

as repercussões que o seu ataque, pela ação rescisória, possa acarretar no plano das ações de cumprimento, deles derivantes.

É evidente que se a ação rescisória do acórdão normativo for ajuizada quando a ação de cumprimento encontrar-se em curso, não impedirá, por si só, que esta prossiga, por força da incidência analógica do preceito inserto no art. 969 do CPC ("A propositura da ação rescisória não impede o cumprimento da decisão rescindenda, ressalvada a concessão de tutela provisória"); sendo o acórdão desconstituído sem que a ação de cumprimento tenha sido julgada, ou, tendo sido, a sentença ainda não transitou em julgado, o processo em que esta ação vinha se desenvolvendo deverá ser extinto, com apreciação do mérito, porquanto eliminado do mundo jurídico o direito material (acórdão normativo) em que o autor apoiava as suas pretensões. Seria impróprio cogitar-se, na espécie, de carência da ação, como se o processo aqui se extinguisse sem pronunciamento sobre o *meritum causae*.

Na hipótese de a rescisória (do acórdão normativo) ser posta em juízo antes do trânsito em julgado da sentença prolatada nos autos de ação de cumprimento, mas vindo esta a passar em julgado antes que a rescisória seja apreciada, qual a solução a ser adotada? Tudo dependerá do resultado do julgamento da rescisória: a) se ela não obtiver êxito ("improcedente", como dizem a lei, a doutrina e a jurisprudência, contra nossa opinião), permanecerá íntegra a sentença concernente à ação de cumprimento, embora possa, por sua vez, ser atacada por ação rescisória específica; b) se a rescisória do acórdão normativo for acolhida ("procedente", portanto), poderá surgir dúvida no sentido de saber-se se, automaticamente, desaparecerá também a sentença passada em julgado (que acolhera pedido baseado no acórdão rescindendo), ou haverá necessidade de essa sentença, para isso, ser especialmente atacada por outra rescisória. Colocamos aspadamente os vocábulos **procedente** e **improcedente** porque, sob o rigor legal, os pedidos são **acolhidos** ou **rejeitados** (CPC, art. 490).

Aparentemente, a resposta correta seria a que sugerisse o uso da rescisória, pois a autoridade e a intangibilidade da coisa julgada que se irradia da sentença não seriam afetadas pela desconstituição do acórdão normativo. Cabe-nos, no entanto, indagar: qual seria, nesse caso, o fundamento da rescisória, sabendo-se que as causas de rescindibilidade são as taxativamente enumeradas pelos incisos I a VIII, do art. 966, do CPC? Em ofensa à coisa julgada não se poderia pensar, uma vez que a *res iudicata* relativa à sentença é anterior à do acórdão; não menos impróprio seria invocar-se o inc. V do sobredito dispositivo legal, pois a sentença não teria violado nenhuma norma jurídica; absolutamente despropositado seria cogitar-se de erro de fato, pois o acórdão nem sequer existia ao tempo em que a sentença foi emitida. Alguns poderiam argumentar com a analogia, para fundar a rescisória no inc. VII, que versa sobre a obtenção de prova nova — considerando como novidade o acórdão rescindido. Ora, ainda que se admitisse, apenas por amor ao raciocínio, essa possibilidade, haveríamos de questionar o que fariam os adeptos dessa corrente de pensamento diante de uma situação concreta em que a rescisória da sentença fosse rejeitada (exatamente por entender-se que ela não havia incorrido em nenhuma das previsões do art. 966 do CPC): subsistiria a sentença, mesmo que o acórdão normativo em que se fundara o pedido do autor houvesse sido desconstituído? Enfim, contrariando postulados das leis físicas, o efeito sobreviveria à causa? Não conduziria semelhante parecer a um perigoso desequilíbrio da ordem jurídica, a uma quebra da sua harmonia? E se outros trabalhadores, após a rescisão do acórdão normativo, ajuizassem ação de cumprimento, o pedido por eles formulado deveria ser rejeitado, em virtude da eliminação, pela rescisória, da fonte geratriz do direito (acórdão normativo) em que a ação se baseou, ou deveria ser acolhido?

Na primeira hipótese, como justificar o fato de o acórdão valer para aqueles que aforaram a ação de cumprimento antes que ele fosse rescindido, mas não valer para os que vieram a juízo posteriormente à sua rescisão? Na segunda — absurda — como se iria acolher uma pretensão calcada em acórdão cortado muito antes de ela ser deduzida em juízo?

Pelo quanto até esta parte expusemos, tranquiliza-nos a convicção de que, diante do problema suscitado, o direito e o bom senso alvitram que se conclua pela direta repercussão, na coisa julgada supostamente produzida pela sentença que apreciou a ação de cumprimento, dos efeitos provenientes da rescisão do acórdão em que ela se fundou. Dissemos supostamente produzida porque, na verdade, a *res iudicata* relativa à sentença tinha a sua constituição efetiva condicionada à sobrevivência do acórdão normativo — sem o qual ela jamais poderia ter existido ou continuado a existir. Não nos parece desassisado esse ponto de vista, que traz em si o propósito zetético de conduzir a uma revisão doutrinária do fenômeno jurídico da coisa julgada material, em face de certas situações singulares ao processo do trabalho, seguramente não imaginadas pelo processo civil.

Se a coisa julgada que marca os pronunciamentos da jurisdição trabalhista, no plano das ações coletivas, fosse algo verdadeiramente imutável, segundo a concepção dogmática do instituto, perderiam a sua razão de ser as cláusulas *rebus sic stantibus*, que soem dar conteúdo aos acórdãos normativos, pois vedada ficaria a possibilidade de serem revistas as condições que motivaram a introdução dessas cláusulas — como faculta o art. 873 da CLT.

O próprio processo civil — nada obstante o seu reacionarismo — permite ao juiz apreciar questões já decididas, quanto à mesma lide, toda vez que, em se tratando de relação jurídica continuativa (ou de trato continuado), sobrevier modificação ao estado de fato ou de direito, hipótese em que poderá a parte interessada solicitar a revisão do que se contém na sentença (CPC, art. 505, I).

As decisões providas de cláusulas *rebus sic stantibus* podem ser, por isso, perfeitamente denominadas de mutáveis ou de instáveis, pois sendo elas produto de determinadas circunstâncias, haverão de ser revistas sempre que tais circunstâncias forem alteradas. Ao proceder à revisão do acórdão normativo, o tribunal não altera o anterior, em sua essência, mas apenas o adapta às novas circunstâncias, porquanto as primitivas se podem ter tornado "injustas ou inaplicáveis" (CLT, art. 873).

Demonstrada a plasticidade da *res iudicata*, no campo dos pronunciamentos normativos trabalhistas, não há por que se repelir a ideia de uma classe especial de coisa julgada, a que bem poderíamos designar de sob condição ou mesmo de aparente, na medida em que ligada e sujeita às condições ou circunstâncias que ditaram a sua formação. A partir daí, não vemos dificuldade em inserir a coisa julgada relativa às sentenças proferidas em ações de cumprimento no grupo das sob condição ou aparentes, na medida em que a sua efetiva constituição depende da sorte que tiver o acórdão normativo, que se apresenta como o próprio pressuposto da existência dessa espécie de ação.

|CAPÍTULO XIX|

ACÓRDÃO RESCINDENTE. NATUREZA JURÍDICA. EFEITOS

1. Comentário

Em princípio, o acórdão emitido pelo *iudicium rescindens* é de natureza constitutiva, porquanto provido de eficácia para modificar a relação jurídica existente entre as partes. Devemos reconhecer, contudo, que o pronunciamento desse juízo, nos casos em que conclui pelo não cabimento da rescisória, é de coloração acentuadamente declaratória, pois estará asseverando (= declarando) a falta de adequação do direito lesado com o meio jurídico escolhido para buscar a correspondente reparação.

Já as decisões oriundas do *iudicium rescissorium* possuem natureza múltipla (declaratória, constitutiva ou condenatória), que se definirá conforme seja o pedido formulado pelo autor ou o resultado da entrega da prestação jurisdicional rescisória. Em tema de relação de emprego, p. ex., será declaratório o acórdão que não admitir a existência dessa relação jurídica material; declaratório-constitutivo aquele que admitir uma tal relação, assim como a estabilidade no emprego, afirmada pelo autor; condenatório o que impuser ao réu o pagamento de determinadas quantias, postuladas na inicial.

A possibilidade de cumulação dos dois juízos — *rescindens* e *rescissorium* — está prevista no inc. I do art. 968 do CPC. Dita cumulação só se justifica em certas situações, pois seria ilógico, e.g., que o autor devesse realizá-la quando a rescisória ataca o processo como um todo e não apenas a sentença: se se diz que o processo é nulo (por falta de citação, digamos), não faz sentido invocar-se o *iudicium rescissorium*, dado que inexistirá aí possibilidade de novo julgamento da lide. A locução legal "se for o caso", aliás, é bem elucidativa quanto a isso.

Observa Pontes de Miranda que não é possível atribuir-se à sentença rescisória os mesmos efeitos que aos recursos, na medida em que aquela é ação; se recurso fosse, a prestação jurisdicional não teria sido entregue, mas apenas apresentada[60].

---

(60) Ob. cit., p. 539.

O efeito do acórdão rescindente é desconstituir o pronunciamento jurisdicional anterior e, se for o caso, realizar um novo julgamento.

O acolhimento da rescisória conduz, invariavelmente, ao desfazimento da decisão atacada, mas não necessariamente ao exercício do *iudicium rescissorium*, como acabamos de afirmar. Se o fundamento dessa ação for a ofensa à coisa julgada, a sua "procedência" fará com que, afastada a decisão que estava a molestar a *res iudicata*, se torne desnecessário um novo julgamento; isso já não se dará, p. ex., na hipótese de o fundamento ser a falsa prova, porquanto rescindida a sentença, caberá ao tribunal rejulgar a lide.

É proveitoso vincar, porém, que a indisponibilidade do objeto do *iudicium rescindens* impede que o réu possa "reconhecer a procedência (*sic*) do pedido do autor" (CPC, art. 487, III, "a"). Seria aberrante supor que a manifestação de vontade de um dos litigantes tivesse eficácia para influir, soberanamente, na sorte de um ato jurisdicional: a decisão rescindenda. É exatamente essa indisponibilidade que torna inaplicável, no plano da ação rescisória, o efeito da revelia (CPC, arts. 344 e 345, II).

Tendo sido a rescisória rejeitada, nada obsta a que o autor ajuíze uma outra, agora por fundamento diverso, ainda que para formular os mesmos pedidos anteriormente deduzidos; para tanto, é necessário que não se tenha esgotado o prazo decadencial de dois anos. Se o processo da rescisória é extinto sem exame do mérito, faculta-se ao autor voltar a juízo com a mesma ação (CPC, art. 486, *caput*). O § 1º da referida norma legal esclarece que "No caso de extinção em razão de litispendência e nos casos dos incisos I, IV, VI e VII do art. 485, a propositura da nova ação depende da correção do vício que levou à sentença sem resolução do mérito".

CAPÍTULO XX

RECURSOS INTERPONÍVEIS

Os recursos interponíveis em sede de ação rescisória variarão segundo seja o pronunciamento jurisdicional que se pretenda impugnar, assim, caberá:

1. Agravo regimental, do despacho (melhor: decisão) do relator, que indeferir a petição inicial. Essa espécie de agravo constitui, na verdade, recurso *sui generis*, pois, em regra, não é previsto em lei; é julgado pelo próprio órgão ao qual se encontra integrado o juiz emissor do despacho agravado; é apresentado em mesa; não comporta contrarrazões nem sustentação oral. Na sessão em que é colocado em julgamento, o relator que proferiu a decisão impugnada não vota, pois o que o tribunal nada mais faz, nessa oportunidade, é dar continuidade à votação, que se iniciara com aquela decisão. O TST prevê, em seu Regimento Interno a interponibilidade de agravo regimental da decisão do Relator que indeferir inicial de ação de competência originária do Tribunal, em cujo conceito se insere a rescisória.

Desse agravo se ocupam, igualmente, as normas interna *corporis* dos Tribunais Regionais, em que se verificam pequenas oscilações quanto aos seus pressupostos e ao seu processamento. Como diretriz doutrinária, podemos dizer que o agravo em questão é cabível das decisões prolatadas pelo relator, relativamente aos quais a lei não preveja um meio impugnativo específico.

2. Embargos de declaração, na hipótese de o acórdão apresentar-se omisso, obscuro ou contraditório. O prazo para o oferecimento é de cinco dias (CLT, art. 897-A). Particularmente, entendemos que os embargos declaratórios não representam modalidade genuína de recurso, conforme procuramos demonstrar em outro trabalho[61]. É de inegável importância prática chamar a atenção à circunstância de que, sendo os embargos em tela aviados com fundamento em omissão do acórdão, o seu acolhimento poderá acarretar efeitos inteiramente modificativos dessa decisão, como atestam o art. 494, II, do CPC, e a Súmula n. 278, do TST — único momento em que se percebe nessa figura um traço recursal.

---

(61) *Sistema dos recursos trabalhistas*. 3. ed. São Paulo: LTr, 1989. p. 246/247.

3. Recurso ordinário, dos pronunciamentos dos Tribunais Regionais em ação rescisória, sendo competente para apreciá-lo a Seção Especializada em Dissídios Individuais ou em Coletivos, do TST, conforme seja o caso. (Súmula n. 158, do TST). Sendo a ação rescisória da competência originária dos tribunais, isso significa que estes atuam, no trato dessa matéria, como se fossem órgãos do primeiro grau de jurisdição, daí por que das decisões por eles emitidas será interponível recurso ordinário, no prazo de oito dias. Impende assinalar que esse tipo de meio recursal é dotado de efeito meramente "devolutivo" (CLT, art. 899, *caput*), a despeito de nossa pessoal opinião de que já não se justifica o emprego desse adjetivo nos tempos modernos, porquanto nada se "devolve", em rigor, ao tribunal, com a interposição do recurso(62).

Cabe ser destacada a advertência feita pela Súmula n. 99 do TST, de que "Havendo recurso ordinário em sede de rescisória, o depósito recursal só é exigível quando for julgado procedente o pedido e imposta condenação em pecúnia, devendo este ser efetuado no prazo recursal, no limite e nos termos da legislação vigente, sob pena de deserção. (ex-Súmula n. 99 - alterada pela Res. 110/2002, DJ 15.04.2002 - e ex-OJ n. 117 da SBDI-2 - DJ 11.08.2003)". O depósito, na espécie, é o exigido pelo art. 899, §§ 1º e 2º, da CLT.

4. Recurso adesivo, na forma do art. 997, § 1º, do CPC. Mais uma atitude particular: essa inovação do Estatuto Processual Civil de 1973, contrariando as matrizes alienígenas em que se inspirou, vem sendo utilizado em nosso meio como sucedâneo arbitrário da ação rescisória, pois a sua interposição tem sido largamente admitida (inclusive por setores respeitáveis, mas pouco atentos à doutrina) nos casos em que já precluíra (ou seja, já se formara, contra ela, a coisa julgada material) para a parte o prazo destinado à apresentação do recurso principal. A princípio, aliás, a Súmula n. 175 do TST declarara ser o recurso adesivo incompatível com o processo do trabalho; a de n. 196, contudo, derrogando essa orientação, viu compatibilidade desse meio recursal com o processo especializado, cancelando, com isso, a anterior. Melhor teria feito o TST se não houvesse adotado a Súmula n. 196, pois, com isso, acabou prestigiando a corrente doutrinária que, inadvertidamente, vem permitindo que o recurso adesivo seja um substituto sub-reptício da ação rescisória. Essa Súmula acabou sendo cancelada pela Resolução Administrativa n. 121, de 28-10-2003, do Pleno do TST, em decorrência de a matéria estar prevista na Súmula n. 283, do mesmo Tribunal, assim enunciada: "O recurso adesivo é compatível com o processo do trabalho e cabe, no prazo de 8 (oito) dias, nas hipóteses de interposição de recurso ordinário, de agravo de petição, de revista e de embargos, sendo desnecessário que a matéria nele veiculada esteja relacionada com a do recurso interposto pela parte contrária".

---

(62) Ob. cit., p. 144/151.

5. **Recurso extraordinário**, das decisões proferidas em sede de ação rescisória, que contrariarem dispositivo da Constituição Federal.

O art. 143, da Constituição Federal de 1967, com a Emenda n. 1, de 1969, somente previa recurso extraordinário (para o STF) "Das decisões do Tribunal Superior do Trabalho". A atual, porém, admite esse recurso das decisões proferidas "em única ou última instância", desde que essas decisões contrariem a Constituição da República, declarem a inconstitucionalidade de tratado ou de lei federal, julguem válida lei ou ato de governo local contestado em face da Constituição (art. 102, inciso III, alíneas "a" a "c"). Isso significa dizer que será possível a interposição de recurso extraordinário das sentenças proferidas nas ações de alçada exclusiva das Varas do Trabalho, instituídas pela Lei n. 5.584/1970. Cuida-se, portanto, de um recurso extraordinário *per saltum*, pois é interposto diretamente da sentença para o Excelso Pretório. Diante disso, deverá o recorrente tomar o cuidado de, sempre que for o caso, prequestionar o tema, como exigem as Súmulas ns. 282 e 356, do STF, além de atender ao requisito da **repercussão geral** (CF, art. 102, § 3º; CPC, art. 1.035).

Dos atos praticados pelo relator, na instrução da rescisória, ou pelo juízo de primeiro grau, no exercício de função delegada para esse fim (CPC, art. 972), não será cabível agravo de instrumento (CPC, art. 1.015), porquanto no processo do trabalho a finalidade do meio impugnativo que recebe esse *nomen iuris* está ligada, exclusivamente, às decisões monocráticas denegatórias da admissibilidade de recursos (CLT, art. 897, "a"). A similitude que possa haver, consequentemente, entre o instituto civilista e o do processo do trabalho não vai além da simples denominação; teleologicamente, a diferença é profunda.

CAPÍTULO XXI

RESCISÃO DE ACÓRDÃO RESCISÓRIO

1. Comentário

Lia-se no art. 799 do CPC de 1939: "Admitir-se-á, ainda, ação rescisória de sentença proferida em outra ação rescisória, quando se verificar qualquer das hipóteses previstas no n. I, letras a e b ou no caso do n. II, do artigo anterior".

Isso quer dizer que no regime do Código revogado os pronunciamentos rescisórios eram rescindíveis, desde que fundados em:

a) decisão proferida por juiz peitado, impedido, ou incompetente *ratione materiae;*

b) com ofensa à coisa julgada;

c) prova declarada falsa em juízo criminal, ou em falsidade inequivocamente apurada na própria ação rescisória.

Recusava-se, portanto, a rescisória de rescisória calcada em ofensa à literal disposição de lei (art. 798, I, "c"). Nenhuma razão verdadeiramente jurídica havia, porém, para essa exclusão, que correspondia, na visão de Pontes de Miranda, ao estabelecimento do dogma da infalibilidade dos juízos rescindentes quanto à tese de direito, à existência ou inexistência da regra jurídica(63), cuja consequência seria levar a uma impossibilidade de conjurar-se eventual falha desses juízos.

Os assentamentos históricos estão a revelar que mesmo antes da vigência do diploma processual civil de 1939 parcela expressiva da doutrina vinha admitindo o uso da ação rescisória para desconstituir decisões proferidas pelos juízos rescindentes passadas em julgado, pois se a legislação do período não a autorizava de maneira expressa, é certo que também não a vedava. O argumento de proa, que para isso se empregava, era de que seria insensato pensar que os pronunciamentos dos juízos rescisórios estivessem isentos de falhas, de imperfeições — que, desse modo, deveriam ser extirpadas mesmo após o trânsito em julgado.

---

(63) Ob. cit., p. 264.

Essa manifestação doutrinária acabou prevalecendo, como evidencia o art. 799 do Código da época.

O CPC de 1973 não se pronunciou sobre o tema.

A instante indagação que se deve formular, nesse momento, é se o CPC de 2015 admite, ou não, rescisória de rescisória, sabendo-se que, inversamente ao de 1939 – e tal como o CPC de 1973 –, nada dispõe a respeito.

Uma objeção que se poderia fazer quanto a essa possibilidade é que sendo a ação rescisória um instituto de direito processual, os pronunciamentos, dela emanados, nunca seriam de mérito, com o que estaria desatendido o requisito fundamental constante do *caput* do art. 966 do CPC em vigor. Redargúa-se, todavia, em caráter prolélptico, que isso aconteceria, quando muito, no *iudicium rescindens* (em que se corta a decisão anterior), jamais no *rescissorium* (em que se realiza um novo julgamento da lide, fazendo com que haja necessária prospecção do *meritum causae*).

Não formamos com os que entendem ser impreterível, para o ajuizamento de rescisória que tenha por objeto decisão rescindente passada em julgado, a existência, no Código de 2015, de regra permissiva expressa. Nosso parecer se baseia não no princípio — algo ardiloso — de que o que não é proibido é permitido, e, sim, no fato de que as decisões oriundas do juízo rescisório, por serem obra humana, são naturalmente suscetíveis de imperfeições — que, em casos mais graves, podem traduzir-se em ofensa à coisa julgada ou violação à letra da lei. Não seria prudente consentir que pronunciamentos jurisdicionais eivados por falhas tão agudas pudessem continuar a existir e a produzir efeitos na ordem legal e na esfera jurídica das pessoas. Nem se omita a possibilidade de o acórdão rescisório estar a agredir a própria Constituição da República.

Nenhum argumento de considerável monta jurídica ainda se apresentou para inibir o uso de rescisória com o escopo de desconstituir decisão rescindente anterior. Se um tal manejo era permitido no sistema do Código de 1939, nada desaconselha a sua continuidade no do estatuto processual vigente, pois nenhum fato novo existe, que possa romper essa tradição em nosso meio. O silêncio do atual CPC, como dissemos, não pode ser considerado, por si só, como obstáculo à aceitação do ponto de vista que — com outros nomes mais ilustres — estamos a defender. O Código de 2015, a propósito, não repetiu a regra estampada no art. 800, *caput*, do de 1939, no sentido de que a injustiça da sentença, a má apreciação da prova ou a errônea interpretação do contrato não autorizavam o exercício da rescisória: nem por isso, entretanto, se há de concluir que o texto da atualidade permite o aforamento dessa ação quando o acórdão for injusto, tenha apreciado mal a prova ou interpretado equivocadamente o negócio jurídico.

A possibilidade de haver ação rescisória de decisão emitida em ação rescisória, após um período de hesitação, acabou sendo admitida pela jurisprudência trabalhista, como evidencia a Súmula n. 400, do TST: "AÇÃO RESCISÓRIA DE AÇÃO RESCISÓRIA. VIOLAÇÃO MANIFESTA DE NORMA JURÍDICA. INDICAÇÃO DA MESMA NORMA JURÍDICA APONTADA NA RESCISÓRIA PRIMITIVA (MESMO DISPOSITIVO DE LEI SOB O CPC DE 1973). (nova redação em decorrência do CPC de 2015) – Res. 208/2016, DEJT divulgado em 22, 25 e 26.04.2016. Em se tratando de rescisória de rescisória, o vício apontado deve nascer na decisão rescindenda, não se admitindo a rediscussão do acerto do julgamento da rescisória anterior. Assim, não procede rescisória calcada no inciso V do art. 966 do CPC de 2015 (art. 485, V, do CPC de 1973) para discussão, por má aplicação da mesma norma jurídica, tida por violada na rescisória anterior, bem como para arguição de questões inerentes à ação rescisória primitiva. (ex-OJ n. 95 da SBDI-2 - inserida em 27.09.2002 e alterada DJ 16.04.2004)".

O mandamento central a ser observado é de que a rescisória de acórdão rescisório seja posta em juízo no prazo decadencial fixado pelo art. 975 do CPC e se valha de um (ou mais) dos fundamentos indicados nos incisos I a VIII do art. 966. No tocante a este último requisito, cabe esclarecer que a segunda ação rescisória, nos termos da Súmula n. 400, do TST, pressupõe a existência de "vício" *no* **acórdão rescindendo**. Quer-se dizer com isso que a segunda rescisória não pode ter como objeto as mesmas matérias que constituíram objeto da anterior, sob pena de injustificável repetição de ações. Observa, por outro lado, Ulderico Pires dos Santos: "De notar-se, porém, que os pressupostos de rescisão inscritos no ordenamento não podem ser invocados como suportes de pedidos de rescisão a ser esteada em ordenamento posterior. Logo, não é lícito arrimar o pedido em provas ou fatos pretéritos, já colacionados na rescisória anterior"(64).

(64) *Teoria e prática da ação rescisória*. Rio de Janeiro: Forense, 1978. p. 52.

CAPÍTULO XXII

AÇÃO RESCISÓRIA E RECURSO EXTRAORDINÁRIO

1. Comentário

Ação rescisória e recurso extraordinário são institutos processuais que possuem certos traços comuns, como, v.g., o serem ambos previstos constitucionalmente: aquela, no art. 102, I, j; este, no inc. III do mesmo artigo.

De resto, desassemelham-se tais institutos quanto: a) à origem; b) à natureza; c) aos pressupostos; d) à finalidade; e) aos prazos; e f) à competência.

a) *Origem.* A ação rescisória é oriunda da querela *nullitatis* romana, mais a concepção de *sententia nulla,* perante o juiz privado (recompostas pelos canonistas e glosadores do séc. XIII), mais a correção efetuada pelo princípio germânico da força formal da sentença[(65)]; o recurso extraordinário (assim como o controle jurisdicional da constitucionalidade das leis e dos atos normativos do Poder Público) é criação norte-americana, como atesta o *Judiciary Act* de 24-9-1789, editado para organizar a justiça da União. Na América do Sul, coube à Argentina a primazia de incorporar ao seu direito positivo a figura do recurso extraordinário norte-americano.

b) *Natureza.* A rescisória é ação, pois faz surgir uma nova relação jurídica processual, que em nada se identifica com aquela que se encerrou com a decisão rescindenda. Outrora, alguns autores de nomeada, como Lopes da Costa, Cândido de Oliveira Figueiredo, Costa Carvalho, Filadelfo Pereira Braga e outros, chegaram a afirmar, em manifesto erro de percepção científica, que a rescisória era recurso; o máximo que se pode admitir nesse campo, todavia, é que ela possua "alma" de recurso, vez que, essencialmente, de ação se trata; já o recurso extraordinário — como a própria expressão denuncia — é modalidade (embora singular) de meio impugnativo de pronunciamento jurisdicional, que

(65) Pontes de Miranda, ob. cit., p. 28.

pertence ao Direito Processual Constitucional(66). Como recurso, ele se desenvolve na mesma relação jurídica processual que deu causa à sentença impugnada.

c) *Pressupostos*. O exercício da ação rescisória pressupõe: 1) a existência de decisão (acórdão, sentença) de mérito; 2) passada em julgado. Dessa forma, se há sentença de mérito não transitada em julgado ou sentença passado em julgado que não haja apreciado o *meritum causae*, obstado estará o ajuizamento da rescisória, por estarem ausentes os pressupostos mencionados, embora o CPC, em seu art. 966, § 4. O requisito do prequestionamento, em tema de ação rescisória (exigido pela Súmula n. 298 do TST), é, porém, inadequado, conforme pudemos mostrar no Cap. VIII, retro; o recurso extraordinário — como os meios recursais em geral — pressupõe um pronunciamento jurisdicional ainda não tornado imutável e indiscutível pela autoridade da coisa julgada material (CPC, art. 502); mais: esse pronunciamento deve estar em contraste com a Constituição Federal (art. 102, III, a). Se a decisão que se encontra em antagonismo com a letra ou com os princípios consagrados pelo Texto Supremo já transitou em julgado, o desfazimento de seus efeitos deve ser intentado por meio de ação rescisória (CPC, art. 966, V). O requisito do prequestionamento é justificável no plano do recurso extraordinário (Súmulas ns. 282 e 356, do Supremo Tribunal Federal), porquanto a Suprema Corte apenas poderá (re)examinar questões que tenham sido, antes, ventiladas perante os órgãos jurisdicionais secundários.

d) *Finalidade*. Destina-se a ação rescisória a desconstituir sentença ou acórdão que haja incorrido em uma das hipóteses previstas pelos incisos I a VIII, do art. 966, do CPC, podendo limitar-se a cortar essa decisão (*iudicium rescindens*) ou avançar para um novo julgamento da lide (*iudicium rescissorium*); o recurso extraordinário tem como objetivo "reformar" (= substituir: CPC, art. 1.008) acórdão (e, eventualmente, sentença) que esteja a contrariar a Constituição da República.

e) *Prazo*. A ação rescisória deve ser posta em juízo no prazo decadencial de dois anos, contado da data do trânsito em julgado da decisão rescindenda (CPC, art. 975); o recurso extraordinário deve ser interposto no prazo preclusivo de quinze dias (CPC, art. 1.003, § 5º).

f) *Competência*. A competência para apreciar ação rescisória integra o elenco das que são originárias dos tribunais: têm-na, assim, os Tribunais Regionais do Trabalho, o Tribunal Superior do Trabalho (para nos atermos à Organização Judiciária trabalhista) e o Supremo Tribunal Federal; já a competência para julgar recurso extraordinário é privativa do Supremo Tribunal Federal (CF, art. 102, III), conquanto a Constituição atual tenha atribuído ao Superior Tribunal de Justiça competência para julgar, em recurso especial, as causas

---

(66) José Frederico Marques, ob. cit., p. 256.

decididas em única ou última instância, pelos Tribunais Regionais Federais ou pelos Tribunais dos Estados, do Distrito Federal e Territórios, quando a decisão recorrida, dentre outras coisas, "contrariar tratado ou lei federal, ou negar-lhes vigência" (art. 105, III, a).

Há, naturalmente, outros pontos de dissimilitude entre a ação rescisória e o recurso extraordinário, como, p. ex., os relativos aos aspectos procedimentais; os que acabamos de destacar bem se prestam, contudo, para — cotejados esses institutos do processo brasileiro — ensejar uma razoável noção de seus contornos gerais e de suas notas características.

Devemos aditar, apenas, que os acórdãos emitidos em ação rescisória serão impugnáveis pelo recurso extraordinário toda vez que implicarem ofensa à Constituição Federal (única hipótese, a nosso ver, admissível quanto aos pronunciamentos da jurisdição trabalhista). Pela Constituição Federal anterior, a interponibilidade de recurso extraordinário só era possível de acórdão proferido pelo Tribunal Superior do Trabalho e, ainda assim, condicionada à plena exaustão dos meios recursais previstos no processo do trabalho ou na norma interna *corporis* deste sodalício. Pela Constituição em vigor, o recurso extraordinário pode ser interposto, até mesmo, de sentenças (art. 102, inciso III), como as proferidas nas ações de alçada exclusiva das Varas do Trabalho (Lei n. 5.584/1970, art. 2º, § 4º).

De qualquer modo, o recurso extraordinário em ação rescisória deve ter como objeto os pressupostos da decisão emitida nessa ação e não os fundamentos invocados pela decisão rescindenda, segundo posição já externada pelo Excelso Pretório (**"Admite-se ação rescisória contra sentença transitada em julgado, ainda que contra ela não se tenham esgotados todos os recursos"**). Note-se, porém, que o exaurimento dos recursos, no juízo de origem do pronunciamento jurisdicional atacado, só é requisito para a admissibilidade do recurso extraordinário, não para os efeitos da ação rescisória, como dispõe a Súmula n. 514 do Supremo Tribunal Federal: "Admite-se ação rescisória contra sentença transitada em julgado, ainda que contra ela não se tenham esgotado todos os recursos". Essa orientação jurisprudencial é acertada, porquanto sendo próprio da rescisória instaurar uma nova relação jurídica material, não faz sentido exigir-se que a relação anterior tenha sido submetida a todos os meios impugnativos que, em razão dela, poderiam ser utilizados; o que se requer, unicamente, é que a relação jurídica pretérita já não possa ser apreciada no processo em que se formou, em virtude da *res iudicata*.